ダラダラ気分を一瞬で変える

小さな習慣

For a successful life,
routine actions are essential.

大平信孝　大平朝子
Nobutaka & Asako Ohira

sanctuary books

「やらなきゃ」と思っているのに、
すぐに仕事に取りかかれない、すべての人へ。

はじめに

やる気はあるのにダラダラしてしまう理由

本書は、脳科学や心理学に基づいた、「ルーティン」と呼ばれる簡単な習慣で、**「ダラダラ気分を一瞬で変え、いつでも仕事モードに入る方法」**を書いた本です。

そんなにうまい話があるわけがない。そう思う方もいるかもしれません。

なぜなら、ビジネスパーソンの多くが、できればストレスなく、気分よく、サクッと仕事を終わらせたいと思っているのに、現実はそうはいかないからです。

・土日の間にたまったメールの山を見て、なかなか返事を書く気にならない
・上司にガミガミ怒られたあとは、しばらくどの仕事も手につかない
・どこから手をつけていいかわからず、企画書の作成が止まっている
・目の前の仕事に精一杯で、先のことが見えずにやる気をなくしている

・締め切り前の仕事がなかなか進まなくて、もがき苦しんでいる

いままで、こんな経験はありませんでしたか？

安心してください。そんなあなたにこそ、ぜひこの本を読んでほしいのです。


ダラダラしてしまうのは、何もあなたが悪いわけではありません。

あなたがダラダラしてしまうのには、ちゃんとした理由があります。

じつは、**あなたが「コントロールできないものをコントロールしようとする」から、気疲れしたり、心が折れたりしてしまって、仕事がはかどらない**のです。


これを、アドラー心理学では「課題の分離」といいます。あなたがコントロールできるものは、あなたの課題としてとらえる。相手にしかコントロールできないものは、相手の課題としてとらえる。このように境界線を引くことで、あなたが具体的にすべきことが明確になっていくのです。

私たちにコントロールできないものは何か？

逆に、コントロール可能なものは何か？

それを知れば、ダラダラしがちな自分にも「対策」を立てられます。

一流アスリートが実践する「ルーティン」を仕事に生かす

そこで、オススメなのが「ルーティン」です。

「ルーティン」という言葉をご存知ない方でも、ラグビーの五郎丸選手がキックの前にする一連のアクションや、イチロー選手が打席に入る際にするアクションだといえば、思い当たるかもしれません。

一流アスリートが集中するために行なっている一連のアクション（＝ルーティン）を、私たちビジネスパーソンも取り入れるといいのです。

本書では、いわば「仕事のルーティン」を、具体的なシチュエーションに合わせて50個ご紹介します。

それぞれのルーティンは、長くても1分以内でできるものばかり。朝起きたあと、出勤途中、メールを返したり企画書を作成したりする前など、ルーティンを行なうだけで、ダラダラ気分を断ち、仕事に集中できる状態を手に入れられます。

こう説明すると、

「ルーティンは、ごく一部のトップアスリートだけのもの」

「自分だけのルーティンを考えるのは難しそうだから、私には関係ない」


と、思った方もいるかもしれません。

たしかに、あなたの仕事のスタイルに合わせて本格的な「オーダーメイド」のルーティンを作るのは、なかなかハードルが高いことです。

ただ、洋服にも「既製品」があるように、ルーティンにも完成ずみで、すぐ使えるものがあってもいい。そう思って、本書では多くのビジネスに共通する場面を取り上げ、誰でもいますぐ使える50個のルーティンとしてまとめました。

誰もが知らずに「ルーティン」を行なっている

ところで、「ルーティン」というと、いまから新しく取り入れるものと思われた方もいると思います。

ですが、じつは私たちがそれと知らずに行なっている「ルーティン」は存在するのです。

代表的なものが**「勝負服」**です。

あなたも、絶対失敗できないプレゼンや大事な商談など、「ここぞ」というときに、勝負服に助けられたことはありませんか？　たとえば、赤のネクタイ、お気に入りのアクセサリー、ワンランク上のシャツやビシッと決まるスーツ……。

このような勝負服を着ることで、戦闘準備態勢が整い、「よし、やるぞ！」というスイッチが入ります。あらかじめ決めておいた服を着ることで、「ここぞ」という場面に向けて、心身ともに準備しているのです。効果として、プレゼンや商談をスムーズに始められ、成功率が高まります。

「勝負服」もルーティンの一種

ただし、勝負服というルーティンがあるからといって、常に仕事の結果がうまくいくわけではありません。ベストを尽くしたからといって、いつも試合に勝てるわけではないのと同じです。

ところで、「明日の商談で成約したいから、カツ丼を食べる」ことなどを、「ゲン担ぎ」といいます。ゲン担ぎは、これから行なうことがいい結果となるように祈願の意味を込めてする行動のこと。

ルーティンは、本番で実力を発揮するための合理的な手段です。ゲン担ぎとルーティンは、一見似たような仕草だとしても、まったく違うものです。

勝負服の効果は、北京オリンピックで6位入賞した、アーチェリー日本代表の守屋龍一選手の協力で行なわれた、テレビ番組の実験でも証明されています。守屋選手が試合で着る勝負服は、黒いアンダーシャツと白いシューズ。そこで、色だけ違うほぼ同じシャツとシューズを身につけ、本番と同じようなプレッシャーの中でプレーしてもらい、勝負服での結果と比較したのです。

まずは勝負服で挑んだところ、見事5本すべて成功。ところが、違う服で残り5本に挑戦すると、1本目で外してしまったのです。

これは、勝負服は重いプレッシャーの中でこそ威力を発揮するということを証明しています。

なぜ、重いプレッシャーの中でこそ、勝負服というルーティンは威力を発揮するのか。それは、毎回、同じ服装をすることで、不安や緊張を少なくする効果もあるからです。

誰にでも、自分に自信を与えてくれたり、落ち着けたり、気合いが入る服があるように、私たちも、すでに無意識でルーティンを活用していることも多いのです。

ルーティンは、特別な一部の人のための「儀式」ではありません。脳科学や心理学に基づいた「技術」です。技術なので、誰でもコツさえつかめば、できるようになります。

さらにいうなら、ルーティンをマスターするには、お金も道具も必要ありません。ルーティンは、あなたもいますぐ実践できる手軽な技術なのです。

「ルーティン」でいつでも「仕事モード」に

本書は3部構成になっており、STEP1では**「あなたがダラダラしてしまう理由」**、STEP2では**「効果的なルーティン50」**、STEP3では**「ルーティンを身につけたあと、どうするか」**について書いていきます。

STEP1を読めばルーティンが効果的な理由をより理解できますが、すぐにでもやる気を出したいという方は、STEP2からご覧いただき、すぐに具体的なルーティンを学んでいただいても構いません。

自己紹介が遅くなりましたが、私、大平信孝は目標実現の専門家として、5500人以上の夢実現をサポートしてきました。ロンドンオリンピック出場選手のメンタル面や、日大馬術部2年連続総合優勝をサポートした経験があり、そこで得た知見や、これまで学んできたアドラー心理学・脳科学を生かして、効果的なルーティンを考案してきました。

また本書は、仕事上でも最高のパートナーである妻・朝子も、理論の構築・執筆を行なっています。

妻は、問題解決の専門家として、女性経営者のメンタル面とビジネス構築のコンサルティングや、私の主宰するコーチングスクールの講師を務め、これまで2300人以上のサポートをしています。

男性だけでなく、女性も活用できるルーティンについて執筆するには、妻の存在が欠かせませんでした。そのような共同作業で執筆した本ですので、特別な場合を除き、「私」という主語を使っています。

通常のスポーツ選手は練習や試合当日にだけルーティンを活用します。しかし、一流のトップアスリートと呼ばれる選手は、日常生活にもルーティンを適用しています。

本書は、日常生活から、計画的・継続的にルーティンを活用できるような内容にしました。いつでもどこでも、望むときに「仕事モード」に入るための武器になります。

本書を読んだあなたが、いつでもパチッと「仕事モード」に切り替わるルーティンの力を手に入れ、毎日を生き生きとすごしていただけたなら、とても嬉しく思います。

大平信孝・大平朝子

CONTENTS

For a successful life,
routine actions are essential.

CONTENTS

STEP1

ダラダラしがちな毎日を「ルーティン」で変える

STEP2 いつでも「仕事モード」に入れる50のルーティン

CONTENTS

CONTENTS

CONTENTS

STEP3 ルーティンを続けると人生は必ず好転する

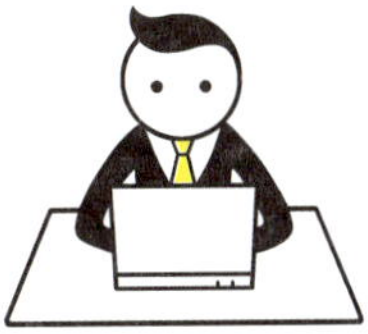

STEP 1

ダラダラしがちな毎日を「ルーティン」で変える

Routine actions makes a difference
in your daily output.

「コントロールできないことにとらわれる」のをやめよう

「はじめに」で、あなたがダラダラしてしまうのには理由があるとお伝えしました。

ダラダラしてしまったり、やる気が出なかったり、スムーズに仕事がはかどらないのは、あなたの意志が弱いからでも、能力がないからでもありません。ましてや、あなたがダメダメなわけでもありません。

少なくとも、この本を手に取ったあなたは、「自分を変えたい」と思っているはず。好き好んでダラダラしているわけではないでしょう。

私たちがやる気を失ったり、仕事が止まってしまったりする最大の原因は、自分がコントロールできないことに執着するから。じつは、「コントロールできないこと＝自分では結果を左右できないこと」をやろうとするから、行動できないのです。

たとえば、明日が締め切りの仕事なのに、先方からの返事待ちや、同僚の報告書の提出待ち、上司の決裁待ちなどで、仕事が止まってしまうことがあります。相手からの返答や情報がないと、これ以上仕事を進められない。こういった場合、あなたなら、どうしますか？

たいていの場合、ちょっとしたことがきっかけで、「返事が来ないと、仕事が進まない。どうしようもない」とか、「もう期限がすぎているのに、回答をくれない。困ったな……」となって、仕事のやる気がなくなり、ダラダラしてしまいます。

本当は、相手に締め切りを確認する、催促する、他の仕事を先にすませるとか、いくらでも他にできることはあります。もしくは、もう本当に、間に合わなそうだったら、自分の仕事の締め切りを延期してもらったり、残業や徹夜を覚悟して準備したりすることもできます。

ですが、私たちは、「相手が返事をくれない」という1点にとらわれてしまいがちです。

すると、別にダラダラしたいわけではないけれど、ダラダラしてしまい、仕事が進まなくなるのです。

実際に、私たちの仕事は、「思い通りにならないこと」だらけです。

たとえば、一度会社に入れば、仕事内容や勤務時間、勤務場所を選ぶ余地は、ほとんどありません。社長、上司、先輩、同僚、部下、お客さんを選ぶこともできません。出勤日や休憩時間なども、自分で選ぶことは難しい。

また、仕事の締め切り、営業のノルマ、上司のイライラ、部下の遅刻癖、同僚の仕事能力、商品やサービスの品質なども、自分でコントロールすることはできません。どうしようもない上司の下で仕事をしなければいけないこともあるし、職場の人間関係で苦労することもあるのです。

そんなとき、自分がコントロールできないこと、自分で決められないことにとらわれると、行動できなくなります。いくら努力しても、自分が変えられないものを変えることはできないので、モチベーションが下がり、ダラダラすることぐらいしか、できなくなってしまうのです。

もし、あなたが望んでいないのに、仕事でダラダラしてしまっているのだとしたら、まずは、**コントロールゾーンにフォーカスしましょう。**

先述したように、これを、アドラー心理学では「課題の分離」といいます。あなたは、あなたがコントロールできることだけに集中すればいいのです。相手にしかコントロールできないものは、相手の課題としてとらえる。

このように境界線を引くことで、あなたが具体的にすべきことが明確になっていきます。

私たちに「コントロールできるもの」
①行動

では、私たちの仕事で、コントロールできること、すなわち自分の思い通りになることは何でしょうか。

まずは「行動」です。

たとえば、どの仕事から取りかかるかという仕事の優先順位や、報告・連絡・相談するかどうか、する場合のタイミングなどはコントロールできます。どんな意識で仕事に取り組み、仕事を通して何を得たいのかも、あなたが決められます。上司の指示に対して、どう受け止め、どう行動するかもあなたが選べます。さらに、トイレ休憩に行くタイミング、机に置くもの（デスクまわりの仕事環境）もあなたの自由です。

コントロールできる行動にフォーカスする。

とてもシンプルな考え方なのですが、いざとなると、なかなか実践できないのも事実です。

たとえば、未読メールが数十件たまってしまうと、1通ずつの返信は大変でなくても、どこから手をつけてよいのかわからなくなることがあります。また、たとえ返信が必要なメールが1通だけだったとしても、上司や同僚にやり方などを確認しないといけない案件では、仕事が止まってしまいます。

そういうときは、いきなりメールを返信しようとするのではなくて、とりあえず返信ボタンを押して最初の1行を書いてみる。このように、**仕事の「チャンク（塊）」を小さくします。**こうして行動のハードルを下げる習慣を持っておけば、いざというとき「思考停止」状態にならずにすみます。

行動をコントロールする方法の一例である、チャンクを小さくするルーティン（習慣）については、STEP2のルーティン10（72ページ）などでご紹介します。

私たちに「コントロールできるもの」②心の持ち方

次に「心の持ち方」です。これは**「緊張」をどうコントロールするか**ということでもあります。

というのも、私たちがやる気を失ったり、仕事が止まってしまったりする精神的要因の1つが、緊張しすぎか、気がゆるみすぎだからです。

もっと簡単にいうと、**人が仕事に集中するのには「適度な緊張」が必要です。**追い込まれすぎても、リラックスしすぎても、私たちは仕事に集中できません。

たとえば、単純作業で、ミスしても誰にも迷惑をかけない。ノルマがまったくなく、やってもやらなくても給料が変わらない。職場環境は、上司が不在がちで、同僚と友人のように仲良し関係。こんな場合は、緊張がゆるすぎるので、仕事に集中することは難しく、思うような成果は上げられません。

反対に、長時間の残業を強いられ、締め切り直前のピリピリした状態で、絶対に失敗が許されない大型案件を任されたとします。ただでさえ、自分の能力や経験以上の難しい仕事なのに、社員間の競争が激しく、社内に相談相手も味方もいない。そういった場合には、あせりや不安、怒りなどで、過度の緊張状態になり、仕事に集中することができなくなります。


真面目で責任感が強い人ほど過緊張になりがちです。大事な仕事を前にしてリラックスするなど不謹慎だと思い、どんなときもシリアスでいようとします。

たしかに、仕事をする上で、勤勉であることは大切だとは思います。けれど、緊張しすぎると、力んだり、あせったり、カーッとなったりして、かえって手が止まってしまいます。また、そういうときは柔軟なアイデアも出にくくなります。スランプに陥るときも、過度な緊張からズルズルと負のスパイラルにはまってしまうパターンが多いのです。

理想は、適度な緊張。

勢いのあるベンチャー企業などがまさしくそうで、スタッフの志が高く、スタッフ1人ひとりのやる気や情熱が感じられるような会社は、やはり結果もついてくるのだと思います。

つまり、**緊張がゆるすぎる状態の人はプレッシャーをかけ、負荷をかけすぎている人はリラックスすればいい**のです。成果を出し続ける人は、適度な緊張を保つために、緊張を上手にチューニングしているのです。

緊張をコントロールする3つのスイッチ

では、「適度な緊張」を保つために、具体的にどうしたらいいのか?

適度な緊張を保つ手段は3つあります。私は、これを**「緊張スイッチ」**と呼んでいます。次にあげる「3つの緊張スイッチ」のうちのどれか1つをオンにするだけで、適度な緊張を作ることができます。

①緊張をゆるめる(ユルメル)
②緊張を高める(タカメル)
③気持ちを切り替える(キリカエ)

適度な緊張を保つためには、「3つの緊張スイッチ」のうち、どれを実行すればいい

3つの緊張スイッチ

①ユルメル

②タカメル

③キリカエ

いのか。わかりやすいように、本書のSTEP2でご紹介するルーティンには、「ユルメル・タカメル・キリカエ」を明記しました。

あなたも、ルーティンを活用して必要なときに集中力をぐっと高め、本来のパフォーマンスを発揮することができたらいいと思いませんか。

もっと現実的な話でいうと、ダラダラモードに入ってしまったときやダラダラモードになりそうなときに、ルーティンを使って、いつでもパチッと「仕事モード」に切り替えられたら、いまよりもっとスムーズに気分よく仕事に取りかかれます。

仕事で、あなたがコントロールできないことについては手放し、あなたが主導権を発揮すべきときにダラダラしないように、ルーティンを活用する。それこそが、本書の狙いです。

あなたの脳は「ルーティン」で変われる！

ついダラダラしてしまう自分を変えたいのに、なかなか変われないのは、脳の仕組みがそうなっているからです。変化を恐れているのは、あなたではなく、あなたの脳なのです。**脳は、「変化を嫌う」という防衛本能を持ち、新しいことや難しいことよりも、いままで生き延びてきた現状維持をよしとします。**

生命維持のためには、なるべく変化を避けたほうがいい。

新しい行動をするか、しないか迷ったときは、行動しないほうが安全だ。

このように判断する脳の防衛本能が、私たちに備わっているのです。

たとえば、もともとスロースターターで、調子が出るまで2〜3時間かかっていた人が、いきなり朝5時に起きて朝活をしようとすれば、それなりに心身に負荷がかかります。脳は本能的にその変化を嫌い、「もとの生活リズムに戻そう」と邪魔をします。

これを意志の力でコントロールしようとしても、脳の力が勝ってしまいます。

いわゆる、「三日坊主」です。


それでも、ダラダラしたり、やる気が出ない自分を変えようとするならば、変化を嫌う脳に、もっと抵抗する必要があるのでしょうか。

そんなことは、ありません。

それでは、変化するためにはどうすればいいか。

脳の「防衛本能」に打ち勝つためにはどうすればいいのか。


それは、**「ちょっとずつ」変化し続ける**こと。脳は、少しずつであれば、変化を受け入れるという性質も持っています。これを脳の「可塑性《かそせい》」といいます。

多くの方は、高い目標を掲げて、短期間で変わろうとしますが、小さな変化が積み重なって変わっていくのが、脳の自然なメカニズムなのです。

仕事のやり方にしても、いきなり無理矢理変化させると、その分リバウンドしてしまいます。この点、**ルーティンはリバウンドをしません。**なぜなら、動作がじつにささやかで、誰でもできる簡単なものなので、脳の可塑性の範囲内に収まるからです。ちょっとずつ無理なく変化するために、ルーティンを使っていきましょう。

面白いことに、変化するのが当たり前になれば、今度は変化しなければ落ち着かなくなるという現象が起こってきます。変化することに慣れて、それが普通になるのです。脳の防衛本能としては、「変化しないことが通常」の状態です。これを、「変化するのが通常」の状態に変えていくのです。

こうなってくると、次第にあなたの現実も変化し始めてきます。そのために、ぜひルーティンを活用してほしいのです。

STEP2では、いよいよ、ルーティンの具体例をご紹介します。

STEP2

いつでも「仕事モード」に入れる

50のルーティン

50 routine actions
that puts you into work mood.

ROUTINE

1

タカメル

1日を気分よく始めたいときは「ゴール（目的地）」に向かって指差し確認する

あなたの理想の人、目標とする上司の写真、あなたを勇気づけたり、励ましてくれるトロフィーや賞状などに向かって、指差し確認する。

突然ですが、あなたは、夢や目標を持っていますか？
また、自分の夢や目標を、普段どれくらい意識していますか？

目標を持っている人と、目標のない人では、10年たつとまったく違った人生になることがわかっています。

ハーバード大学のMBAが、「同大学の卒業生が明確な目標を持っているかどうか」について調べたアンケートがあります。10年後、彼らがどのような人生を歩んでいるか、追跡調査が行なわれました。すると、特に収入に関して、驚くべき結果が得られたのです。それは、目標を持っていて紙に書かなかった13％の卒業生の平均年収は、目標を持っていなかった84％の卒業生の約2倍。さらに、目標を紙に書いていた3％の卒業生の平均年収は、残りの97％の人たちの10倍だったのです。

これは、「明確な目標を持つ」ことが重要な要素であることを端的に示しています。

この目標の力を、あなたの朝に生かしてほしいのです。

朝、イヤな感じを引きずったまま家を出てしまうことは、よくあること。「何だか今日は、調子が悪いなぁ」「今日の企画書作成、大変そうだな……」「毎日残業しても、仕事が減らなくてしんどいな」など、気分が落ちたまま1日をスタートさせてしまうと、そのままメリハリのない1日をすごしてしまいがちです。

そこでやっておきたいのが、起床後すぐ行なう**「ゴール（目的地）に向かって指差し確認する」**ルーティンです。

指差すのは、あなたが目標とする人の写真、あこがれの人が書いた本、あなたの夢や目標を書いた紙、あなたを勇気づけたり、励ましてくれるトロフィーや賞状などです。それらに向かって、電車の車掌さんのように、利き手で「ピッ」と指差し確認する。たったこれだけで、あなたが目指すべき方向、行きたい未来にフォーカスすることができます。

電車の車掌さんが、必ず「指差し」確認するのには、理由があります。「指差し」には、じつはものすごく効果があります。単にゴール（目的地）を「見て」確認するよりも、**「指差す」ことで、指差した先に自然と「意識」が向く**からです。

この「指差し」ルーティンは、あなたを勇気づけるものを自宅に置けない場合にもできます。そんなときは、あなたの気分が上がる方向（脳科学的には、右上）や、あこがれの人がいる方向に向かって指差しをしてみてください。

また、この「指差し」ルーティンを行なうときのゴールは、人生のゴールとなるような大きな目標でなくても構いません。

「今日のプレゼンを成功させるぞ」「終わったら美味しいビールを飲もう！」といった小さなゴールでも十分に効果があります。その場合は、あなたが実際にプレゼンをする場所の方向や、美味しいビールを飲む店がある方向に向かって指差しをします。

人は、「あそこに行く！」というゴールを定めることによって、無理矢理テンションを上げたり気合いを入れなくても、お腹の底から自然と力がわいてくるのです。会社や上司から指示されたものではなく、「自分で」自分のゴールを設定することで、まわりの状況にも左右されにくくなります。この感覚をルーティンで引き出すことによって、ぜひ、力まなくても自然と力がわいてくる感覚をつかんでみてください。

ROUTINE

2

タカメル

朝、目覚めが悪いときは「マイ・オープニングテーマ」を聞く

朝に弱い方は、朝、目が覚めたら、エネルギーに満ちあふれた「オープニングテーマ」を聞き、脳を目覚めさせましょう。

「卵が先か、鶏が先か」みたいな話になりますが、「朝に弱い」ことを理由に、いつまでも布団に入っていると、さらに「朝に弱い人」になります。脳は、体を動かすことで、刺激を受けて働き始めるようにできています。

脳科学的にも、やる気を出すコツは、**「体を動かす」**こと。

というのも、脳には、「側坐核《そくざかく》」と呼ばれるやる気スイッチが存在します。側坐核は、刺激されるとドーパミンを分泌します。これがやる気の源になります。

でも、この側坐核は、外から刺激しないと活動してくれません。その刺激は、体を動かすことです。つまり、どんなに眠くても「えい！」と覚悟を決めて布団から脱出できる人は、結果的に「朝に強い人」になるのです。

シャキッと起きるためには、「眠い、だから、もう少し寝よう」から、「眠い、だからこそ、いますぐ起きよう！」という新しい行動回路を作ればいいのです。そのための第一歩は、布団から出て簡単なアクションをすること。ここで行ないたいのは、**あなたの「オープニングテーマ」をかける**ルーティンです。体を動かし、リズムや鼓動を感じることで「朝だよ！　起きる時間だよ！」と、脳を刺激します。

選曲は、ＡＫＢ48の『恋するフォーチュンクッキー』のように、**リズムに合わせて踊り出したくなるアップテンポなナンバー**にしましょう。メロディは、言葉よりもダイレクトに脳に働きかけてくれるので、１日を気分よくスタートできる曲にこだわってみてください。闘魂注入系の曲もオススメです。私のお客さんには、「ロッキーのテーマ曲」である『Ｇｏｎｎａ　Ｆｌｙ　Ｎｏｗ』（ビル・コンティ）を、毎朝流している方もいます。

いくらお気に入りでも、ショパンの『別れの曲』や、ベートーヴェンの『運命』など、悲しくなったり、気分が重くなりそうな曲は避けましょう。「別れちゃった」「八方ふさがり」「失敗しちゃった」など、アンハッピーエンドの曲ではなく、ハッピーエンドの曲のほうが、朝一番に聞くにはオススメです。

ROUTINE

3

キリカエ

朝のバタバタを
切り替えたいときは
「10秒ベッドメイキング」する

どんなに忙しい朝も、ベッドメイキングをする。布団をただ整えるだけでも、気持ちを切り替えることができます。

「マイ・オープニングテーマ」を聞きながら行ないたいのが、ベッドメイキングをするルーティン。忙しくてバタバタしがちな朝に、**あえて「ベッドメイキング」をして環境を整える**ことで、落ち着き、清々しい気持ちで1日を始められます。

朝、ベッドメイキングをしておくと、さらに「オマケ」がついてきます。ちょっと、想像してみてください。夜疲れて帰宅したとき、「布団はぐちゃぐちゃで、朝のあわただしさのまま」の状態だったら、どうですか？

そんな状態では、さらにぐったりして、翌朝まで疲れを引きずりそうです。これを私は「未来借金」と呼んでいます。

逆に、夜疲れて帰宅したとき、布団がきちんと整っていたらどうですか？

布団が整っていると、何だかホッと一息つけて、くつろぎやすくなります。すると、夜、気分よく眠りにつくことができます。朝のわずかなアクションが、夜の眠りにも好影響を及ぼすのです。私はこれを「未来貯金」と呼んでいます。

「忙しくて朝はそれどころじゃない！」という人は、布団を軽く整えるだけでも大丈夫。たった10秒でできる「未来貯金」、ぜひ試してみてください。

ROUTINE

4

ユルメル

朝を気分よくすごしたいときは「ドリンクタイム」を作る

1日の「入《いり》」の時間（朝起きて出社するまでの間）に、お気に入りのドリンクをゆっくりと飲み、あなただけのための時間を取る。

誰だって、イライラ・モヤモヤしたり、時間に追われたりせずに、気分よく朝をスタートさせたいもの。でも現実は、寝不足だったり、二日酔いだったり、体調がすぐれなかったり、寝坊したり、子どもに手がかかったり、仕事の締め切りに追われていたりで、理想通りにすごせないことが多いのはないでしょうか。

「明日こそは」「一段落したら」「時間があれば」……、という条件つきで理想通りの朝をすごしたいと思う方も少なくないはずです。でも、条件が整う「いつか」を待っていても、理想の朝は永遠にやって来ません。

なぜなら、「いつか」は永遠に来ないからです。私たちには常に「いま」しかないのです。だから、理想の朝をすごしたいなら、「いま」実践するしかないのです。

あわただしい中で、「いま」気分よく朝をスタートさせることができるためのルーティンをご紹介します。

それは、**朝の「ドリンクタイム」**。

1杯のお気に入りのドリンクを飲む間だけ、すべてのことをいったん脇に置いて、あなたの理想の朝をすごしてみるのです。

朝は、1日で一番忙しい時間かもしれませんが、「あなたのためだけに使う」時間を、あえて確保する。「まず、自分を満たす」ことで、気持ちに余裕が生まれ、自分を心地よい状態に保つことができます。**1日の「入」の時間に気分よくすごすことができれば、日中何が起こっても、短時間でグッドコンディションに戻すことができます。**

私たちは、気分がいいときは物事のプラスの面が見えやすくなり、気分が悪いときは物事のマイナスの面が見えやすくなります。これを、心理学用語では、**「気分一致効果」**といいます。

つまり、1日の「入」の時間に心地よい状態になると、ポジティブな発想になるので、物事や人に対して柔軟に対応することができるのです。

私は、毎朝「入」の時間に、1杯のコーヒーを自宅で飲むことをルーティンにしています。小学生の息子たちも一緒なので、朝はバタバタしていますが、コーヒーを飲む3分間だけは、ゆったりとすごすようにしています。たとえ、心配事があったとしてもいったん脇に置き、「ただただ、いまを味わう」ようにしています。

時間がないという方は、駅に向かう途中のカフェでお気に入りのドリンクを飲んだり、コンビニや自販機で缶コーヒーを買ったりするだけでも、自分のために時間を使うことになります。

私のお客さんには、ポットに入れた紅茶を、朝一番にオフィスのデスクで味わうことをルーティンにされている方もいます。彼女は、小さい子どもがいて、自宅ではゆっくりできないので、ドリンクタイムを会社で取ることにしたそうです。イライラが減って、余裕を持って仕事に対応できるようになったと、教えてくれました。

仕事が始まると、緊急の案件やトラブル処理、お客さんの都合など、さまざまな外的要因に対応することを求められるので、あなたの都合やペースですごすことは難しくなります。つい、自分を満たすことを後回しにしたり、自分をおろそかにしてしまいがちです。

だからこそ、1日の始まりに意識して「あなたのために」時間を使ってみてください。

ROUTINE

5

キリカエ

最高の自分で仕事を
始めたいときは
胸を開いて自動改札を通る

自動改札を通り抜ける３秒間、あなたが理想とする人になりきって、胸を開いて颯爽と歩いてみる。

突然ですが、「私は、こういう人です」というあなたがあなた自身に対して持っている自己認識・イメージのことを**「セルフイメージ（自己像）」**といいます。そして、脳はあなたがイメージした通りのことを実現させようと働いています。なので、もしいま仕事で行き詰まっているとすれば、あなたが持っているセルフイメージが原因の1つかもしれません。

たとえば、同じような才能と経験を持っている人でも、仕事で成果を出せる人となかなか成果を出せない人がいます。どうしてこんなことが起こるのかというと、じつは、セルフイメージが大きく影響しています。

仕事で成果を出せる人は、自分のことを「仕事ができる」と思い込んでいるのです。逆に、仕事でなかなか成果を出せない人は、「自分は仕事ができないし、自信が持てない」と悩んでいます。

まわりからは、前者は変に自信満々で滑稽に見えるかもしれませんが、その人はセルフイメージが高いということです。そして、人からどう思われようとも、現実は前者のほうが仕事で成果を上げるのです。

これは別に仕事だけに限りません。人は思い描けないことは絶対に実現できません。人は、セルフイメージ通りの人間になっていくということが証明されたのがスタンフォード監獄実験です。1971年にアメリカのスタンフォード大学で心理実験として、擬似刑務所を作って、その刑務所の中で一般市民の被験者に囚人役と看守役を2週間ほど演じさせたのです。

最初のうちは、囚人役と看守役の間には何の差もなかったのが、時間がたつにつれ、看守役はより看守らしく、囚人役はより囚人らしい行動をするようになりました。ついには、禁止されていた暴力を看守役が囚人役にふるうようになり、実験は6日間で中止されました。

この実験は、**自分はどういう人間だと考えるかによって、実際の行動も人格も変わる**ということを示しています。

では、どうしたら、セルフイメージを変えられるのか？　ここではシンプルな、「3秒なりきり自動改札」という方法をご紹介します。

これは、駅の自動改札を「ピッ」と通るときに、「理想の人になりきる」というものです。まず、こんな人になりたいという未来のセルフイメージを持ちます。そして、「ピッ」とする瞬間に、胸を大きく開き、颯爽と歩くのです。

じつは、セルフイメージは、あなた自身が作ったものなので、あなたが変えることができます。

そして、セルフ「イメージ」とはいいますが、**「イメージ」を変えるより、まずは「姿勢」から変えるのがオススメ**です。イメージはあいまいなので扱いにくいのですが、姿勢なら、一目瞭然。だから変えやすいのです。

そもそも胸を開いた状態というのは、心の状態が上向きで、すなわち物事がうまくいっていることの現れ。だから、胸を開くだけでも、セルフイメージは高まります。反対にうまくいっていないときは、背中は猫背になって、足取りも重くなりがちです。

3秒なりきり自動改札は、一種の妄想ではありますが、セルフイメージをアップするよいきっかけになります。背筋がピンと伸びている人は堂々として見えますし、プレゼンや営業の現場でも説得力が増します。

「職場の雰囲気が暗い、行くだけで気持ちが暗くなる」と悩んでいたお客さんのYさん。以前は無表情で自動改札を通過していたそうです。彼女は、「3秒なりきり自動改札」を知り、モデルさんがランウェイを歩いているイメージでルーティンを実践し始めてから、思わぬ効果があったそうです。

「たった3秒だけど、一度姿勢がよくなると、しばらくキープできるから、会社に着いたあとも、気分よく仕事を始められるようになったんです」と、話してくれました。

自動改札の通過時だけでなく、気持ちが落ち込んだときにも、「ピッ」と3秒だけ理想の人になりきれば、気持ちを切り替えるのに効果があります。

ROUTINE

6

タカメル

通勤電車で時間を持て余すときは「１分間勉強」をする

電車に乗ったら最初の１分間だけ、「あなたの未来につながる勉強」をしてみる。

毎日の通勤電車が手持ち無沙汰だという人も多いかと思います。あなたは、通勤電車で何をしていますか？　ツイッターやフェイスブック、LINEを開いて、知人とやり取りするのも、1つの選択肢です。

けれど、ちょっと考えてみてください。

じつは通勤中は、体さえ電車に乗っていれば、あとは何をしようと完全に自由な時間です。このスキマ時間を受け身ではなく、ぜひ「自分のため」に積極的に活用してみましょう。

電車の時間を有効活用できるかどうかは、「乗った直後」がポイントです。うまく活用できる人は、**電車で何をするか「あらかじめ決めている」**のです。何をするか事前に決めていないと、「何となく」「手持ち無沙汰だから」スマホや携帯を開くことになります。

電車に乗ったら、**最初の1分間だけ「○○の勉強をする」**と決めてしまいましょう。「勉強」というと、少し堅苦しい感じがするかもしれませんが、「Yahoo!ニュース」の英語版を読むだけでも十分英語の「勉強」になります。

私のお客さんには、電車の中では、「実用的なビジネス書ではなく、歴史や文化に関する本か小説を読む」と決めている方や、「中吊り広告を見て、ビジネスのヒントや時代の流れをつかむ」と決めている方もいます。

ポイントは、会社のためでも、お客さんのためでもない、あなた自身の自己投資のために時間を使うこと。個人的に興味があって、あなたの理想の未来につながることに、1分間集中して取り組むことです。

1分経過したところで気分がよければそのまま続け、気分が乗らなければスパッとやめればいいのです。

仕事で実績を残す人は、「自分がやりたいこと」や「自分にとって大切なこと」はすべて、出社前の「朝」に行なっています。

人間の脳は、眠っている間に情報を処理するので、朝の脳はクリアです。脳科学的にも、脳の中に未処理の情報が蓄積されている状態では、情報の整理が間に合わず、思考が阻まれてしまうことがあるとわかっています。だからこそ、**脳がフレッシュで疲れていない朝の「就業開始前」に「押さえ所を押さえる」**のです。

たった1分ですが、「あなたの未来につながる勉強」をしておくと、1日のリスクヘッジにもなります。その後トラブルなどがあって気持ちが凹むことがあっても、短時間で回復できます。なぜなら、仮に「仕事」で失敗をしてしまっても、「人生」には失敗していないと考えられるからです。

これを、コーチングでは、「思考レベルを上げる」とか「抽象度を上げる」といいます。たとえば、目の前の案件に忙殺されているときにトラブルが起こると、「もうダメだ」とお手上げになってしまうことがあります。そんなときでも、プロジェクト全体という視点、会社全体という視点、業界全体という視点、あなたのキャリア全体という視点というように、高いレベルで思考していくと、思い込みが外れて、意外な解決策が見えてくることがあるのです。

「仕事がしんどい」「仕事で落ち込みがち」なときこそ、朝、仕事を始める前に、あなたの人生にとって大事なこと、「自己投資の時間」を1分でいいので確保してみてください。きっと勤務中も、おだやかな気持ちですごせる時間が増えます。

ROUTINE

7

タカメル

通勤時から「仕事モード」に入りたいときは「最高のアウトプット」をイメージする

「新規契約の提案がスムーズにできた」「懸案事項の着地点が明確になった」など、その日の仕事について、最高にうまくいった状態をイメージしてみる。

「時間があれば、もう少しできるんだけど……」

「この程度やっておけば苦情は来ないから、いいだろう」

日々の仕事は、油断すると、惰性で流したり妥協しがちです。すると、「そもそも何のために仕事をしているのか」という意義も見失ってしまいます。仕事をやらされている感じや、やっつけ仕事感を引きずったまま、勤務時間をすごすと、同じ時間を仕事に費やしても、クオリティは下がるのに、疲れは増してしまいます。

そこで、オススメなのが、通勤途中でできる**「最高のアウトプット」をイメージするルーティン**。電車の中で、「今日の仕事のアウトプット」について、考え、イメージするクセをつけるのです。

今日の仕事のアウトプットは、

「本当はどうなったらいい？」

「そのためにやったらいいと思うことは？」

と、自分に聞いてみる。

企業研修時には、「今日の仕事のアウトプットをイメージするのは、すでに毎日やっています」という方もいます。そういう方には、今日だけではなく、そのちょっと先、「今週、来週、今月」の仕事の着地点について、「本当はどうしたい？」「そのためにできることは？」と、問いかけてイメージしてみてください、と伝えています。

今日だけでなく、そのちょっと先の仕事のゴールをイメージするようになって、さらに仕事がスムーズにいくようになったそうです。

あらかじめゴールをイメージして、シミュレーションすることを、コーチングでは**「メンタルリハーサル」**と呼びます。

メンタルリハーサルの効用の1つは、やる気のスイッチが入って、前向きに行動できること。「○○しないといけない」という義務感からではなく、自らイメージをふくらますことで、より主体的に、スムーズに仕事に取りかかれるようになります。

どうせ仕事をするなら、効果的に時間を使って、質の高い仕事をしたほうが、人は快活でいられます。同じ1日をすごすのでも、頭の中でどんなゴールイメージを持っているかで、成果・結果が変わってきます。ぜひ試してみてください。

ROUTINE 8

ユルメル

通勤時間を心地よくしたいときは「マイ・パワースポット」に寄り道する

神社、カフェ、公園など、あなたの心が癒され、気分がよくなる場所に、通勤前に寄り道する。

サッカーや野球などのスポーツでは、「ホーム（グラウンド）」と「アウェイ」という言い方をします。

そして、野球、アメリカンフットボール、バスケットボール、サッカー、アイスホッケーなどのプロリーグ戦の結果から、敵地であるアウェイでの試合よりも、本拠地のホームでの試合のほうが勝率が高くなるというアメリカでの研究データがあります。ホームの試合だと、グラウンドや芝生に馴染んでいたり、サポーターの応援の力を得られ、実力を発揮しやすくなるからです。この現象は、「ホームアドバンテージ」と呼ばれています。

あなたにとって、オフィスが「ホーム」であるのが理想です。しかし実際には、仕事がうまくいかない、苦手な上司がいる、残業続きで会社にいるのがつらいなど、「アウェイ」と化している方も少なくないのではないでしょうか。

そんなときは、**心が落ち着く「ホーム」を会社の近くに設定します。**仕事や人間関係で行き詰まったときにも、あなたがホッとできる場所があると、何かと心強いです。

私のお客さんには、毎朝神社の境内を通って、出勤している方がいます。神社は、彼にとって「パワースポット」なのです。ほんの数十メートル神社を通り抜けるだけで、清々しい気持ちになるのだと、教えてくれました。

通勤途中にあれば、神社でなくても構いません。行きつけのカフェやコンビニでも、芝生がきれいな公園でもいいです。特定の場所が見つからなければ、「お気に入りのルート」にそって通勤するルーティンを試してみてください。ジメジメした暗い場所や、イヤな臭いがするような通りは避け、朝のフレッシュな「気」を感じられるルートを選ぶのがポイントです。

社内の環境は、あなたの自由にはならないことが多いかもしれません。けれど、自分が居心地よく感じてパフォーマンスを発揮できる場所を、誰かが作ってくれるのを待っているだけでは、何も変わりません。

「自分の居場所は、自分で作る」

そう決めてしまったほうが、気分よくすごせます。「通勤」という朝の何気ない時間も、ちょっと工夫することで、心地よくすることもできるのです。

あなたの「パワースポット」を、ぜひ自分で作ってみてください。

ROUTINE

9

ユルメル

職場での「アウェイ感」をなくしたいときはオフィスに「挨拶」をする

オフィスビルの入口で一礼してから、オフィスに入る。挨拶することで、「アウェイ」感が減り、オフィスが「ホーム」に近づきます。

前項で「ホーム」と「アウェイ」という話をしました。では、あなたにとって、オフィスは、「ホーム」と「アウェイ」どちらですか。

理想をいえば、オフィスは「ホーム」であってほしい。

ですが、先述したように、さまざまな理由で実際にはオフィスが「アウェイ」と化している方もいるでしょう。

オフィスがアウェイ化している人は、ホームだと感じている人に比べて、仕事のパフォーマンスが低くなってしまいます。

なぜなら、あなたが過度に緊張したり、不安や恐怖を感じると、脳は緊急事態だと認識し、身の危険を避けることだけに集中するようになるからです。この場合、一次的にパフォーマンスが上がることもありますが、闘争反応または逃走反応が出ているだけなので、長続きしません。

たとえば、散歩中に突然ヘビを見かけたら、人は恐怖を感じ、自動的に体は逃走態勢に入るように、オフィスがアウェイ化している人の行動は、無意識に危険回避の反応になってしまうのです。

対照的に、あなたがオフィスでリラックスした楽しい気分でいると、思考や行動の幅を広げる効果があります。

その結果、創造性、柔軟性、独創性の向上につながります。オフィスがホーム化している人の行動は、自然とアイデアが出てくる状態になっているのです。これを心理学用語では、「拡張形成理論」といいます。

以上をふまえて、出勤時にたった5秒で、仕事のパフォーマンスを上げられるルーティンをご紹介します。**「オフィスの入口で、（オフィスという場に）お辞儀をする」**です。

オフィス（という場）に対して挨拶することで、アウェイ感が減り、オフィスがホームに近づきます。

さらにホームに近づけたい方は、声に出さなくてもいいので「ただいま」と、挨拶してみるのをオススメします。

私のお客さんのAさんは、オフィスに一礼するようになってから、「オフィスという『場』が、自分の味方のように感じられ、トラブル処理のさい、落ち着いて冷静に対応できるようになった」と話してくれました。また、Kさんは、オフィスに「ただいま」と挨拶することで、「以前は仕事が終わるとグッタリしていたのが、同じ仕事をしても疲れにくくなった」と教えてくれました。

オフィスをホーム化できると、「場」をあなたの味方にすることができるのです。まずは、オフィスビルの入口で一礼してから、オフィスに入るルーティンから始めてみてください。

ROUTINE

10

ユルメル

メールをため込んでしまったときはすぐ返せるメールから返信する

数十通たまってしまったメールは、古いものから対応しないで、「受け取りました」「確認します」の一言ですむ、ライトに処理できるものから取りかかる。

休み明けや繁忙期などで、メールボックスを開けたらメールが何十通もたまっていた。こんなときは、1つずつのメール返信自体は難しくなくても、処理しなければいけない「数」に圧倒されてイヤになってしまいがちです。そういう場合、まずは「数を減らす」と精神的にラクになります。

ここでのポイントは、**「古いメールから順番に片づけようとしない」**こと。

メールをもらってから時間がたてばたつほど、返信の手間は増えます。なぜなら、時間がたったメールは、「眠っている」のと同じ状態なので、「起こす」だけでも手間がかかるからです。記憶があいまいになってくると、思い出すだけでもエネルギーを使います。さらに、出だしから対応するのに工夫が必要なメールに当たると、それだけでせっかくのやる気を削ぐことにもなりかねません。

メールがたまってしまったときは、すぐに返信できるものから処理します。「受け取りました」「のちほど確認します」の一言で問題ないメールのみ、サクサク返信していくのです。次に、定型文、ひな型で対応できるメールを返信します。

未返信のメール数がある程度減れば、「何とかなりそうだ」「できそうな気がする」などと前向きに思えるようになります。

そうなればしめたもの。勢いづいて最後までやりとげることができるのです。

コーチングでは、これを**「チャンクダウン」**と呼びます。ビジネスの現場では、ブレイクダウンという言葉のほうがわかりやすいかもしれません。

ようするに、問題を扱いにくいときは、あなたが扱える大きさにまで小さく細かくすればいいのです。

たまってしまったメールの返信を、私はよく、「自転車こぎ」にたとえます。ペダルをこぎ始めたときは苦しく思うけれど、一度走り始めて軌道に乗ると、それほど力を入れなくてスムーズに走行できます。一見めんどくさく見える業務も、小さな目標を立てて手をつけると、ラクに進めることができるのです。

ROUTINE 11

ユルメル

対応がめんどくさいメールがあるときはとりあえず最初の一文を書いてみる

ヘビーなメールは、やらねばという義務感よりもめんどくささが勝ち、つい放置状態に。行動は最初の一歩が肝心。まずは最初の一文を書いて、スタート地点に立ちましょう。

返信するのに手間がかかるヘビーなメールは、本文を軽く読んだだけで、気分が重くなってしまうものです。

本文だけならまだしも、添付ファイルの内容が複雑だったり、量が多かったりして、それだけで心が折れてしまいそうになった。自分なりにがんばって返事を書いてみようとしたけれど行き詰まってしまった。そんな経験をしたことがある方も多いのではないでしょうか。

いったん止まったメールの返信は、先方からの催促待ち、自分のやる気待ち、締め切り待ち、などをしているうちに、さらに後回しになりがちです。

人は、「やるべき仕事」を後回しにしたり、今日できることを明日以降に先延ばしにしても、完全に忘れることはありません。すると、焦燥感や中途半端感を引きずりながら仕事をすることになります。そうなる前にメール返信ができたら、スッキリした気分ですごせる時間が増えます。

では、メール返信に行き詰まったとき、どんな「きっかけ」を作ったら、スムーズにやる気を取り戻せるでしょうか。

先ほど、「自転車こぎ」の原理をお話ししました。行動というのは、始めるまでが、じつは一番大変なのです。そこで、こんなときは、**返信メールの「最初の一文」を書いてみる**ルーティンを実践してみましょう。

自転車は、一度こぎ始めると、ペダルは軽くなります。メールの返信も、一文を書き出せば、思考のゴチャゴチャも、気持ちのモヤモヤも軽くなり、次第に行動が加速してゴールを目指したくなります。真剣に取り組んでみたら、予想より簡単にメール返信ができたということもありえます。

脳科学的にも、「やる気→行動」ではなく、「行動→やる気」が正しい順序です。ルーティン2（44ページ）でもふれたように、脳のやる気スイッチである「側坐《そくざ》核《かく》」は体を動かすという刺激がないとドーパミンを出せません。

つまり、「やる気」を出すコツは、「動き始める」こと。動くことが、脳のやる気スイッチになっているのです。

まずは、一文を書き出す。そんな、ほんの小さな行動が刺激となって、側坐核が動く。そして、やる気が出るのです。

私のお客さんには、時間をかけて読み込まなければいけない添付ファイルは、「後回しにせず、プリントアウトだけでもすませてしまう」をルーティンにしている方もいます。それだけでも、次へのアクションがスムーズになり二度手間も減ります。

メール返信に行き詰まったときは、スムーズにやる気モードに戻れる「とっかかり」をルーティンにしましょう。

ROUTINE

12

ユルメル

なかなか書けない企画書があるときは仮の「タイトル」と「節の番号」を書く

企画書作成で最初に行なうことは、タイトルを書き、節の番号を書き込むこと。考えなくてもできる簡単なことから始める。

企画書、提案書、報告書などの書類作成業務でも、クリエイティブな発想が必要だったり、じっくり考えないと作成できないものは、機械的に処理できるものよりも、時間がかかります。だから、どうしても、後回しにしがちです。

そんなときは、「きっかけ」として、タイトルや節の番号など、頭を使わずスラスラ書けるところから始めると、スムーズにスタートできます。

人には、「空欄や空白があると埋めたくなる」という心理があります。これを**脳の「空白の原則」**といいます。

脳は、「わからないという状態＝空白」を危険と見なし、わかっている状態を安全と見なすのです。疑問が埋まらないと、脳の自動検索システムが作動して、答えを見つけ出してくれます。

なかなか書けない企画書の類があるとき、最初にすることは、**その企画書の「タイトル」を書くこと。そして、「1」と節の番号を書いたら、スペースを空けることです。**2、3、4、5……と節の番号を打ち、スペースを作っていくのです。細かく区切られたスペースを作ることで、このスペースを埋めたくなります。

次に、書きやすそうな空欄から気の向くままにキーワードだけ書き込んでいきます。2に書き込んだら、次は4……、と書けるところからランダムにキーワードを埋めていって構いません。これで、さほど負荷をかけずに全体の流れを組み立てることができます。

そうなれば、半分完成したようなもの。あとはキーワードにそって文章を練り上げればいいだけです。いきなり文章から書き出すより、だいぶスムーズに仕上げることができます。


私たちは、仕事のえり好みが許されないことも多く、ヘビーな書類作成が続くこともあると思います。ですが、たとえ、「業務そのもの」は選べないとしても、「業務の進め方」をちょっと工夫するだけで、気分よくスムーズに仕事を進めることも可能です。「書類作成で行き詰まったな」というときに、活用してみてください。

ROUTINE

13

ユルメル

なかなか書けない企画書が
あるときは
あえて最後の一文から書く

企画書は冒頭から順を追って書き進めると、ディテールが気になってなかなか進みません。スピーディに仕上げるコツは、最後の一文から書き始めること。

前項で企画書をスピーディに仕上げるルーティンをご紹介しましたが、もう1つ、行き詰まりを防ぐルーティンをご紹介します。

企画書をスピーディに仕上げるもう1つのルーティンは、意外かもしれませんが、**「最後の一文から書き出す」**こと。

このルーティンも、「空欄や空白があると埋めたくなる」という脳の「空白の原則」を活用します。

まず、最後の一文を書いてしまいます。すると、脳は、「空いている行＝空白」を危険と見なし、脳の自動検索システムを作動させて、結論に到達する筋道を見つけ出そうとするのです。

また、起承転……、までがスコーンと抜けた状態で、「結」の部分から書くので、肩肘はらずに自由な発想で書き進めることができます。

完璧主義の方でも、うしろから書くのであれば、どうやってもディテールにこだわれません。「山場」はぼんやりしたまま、うしろからどんどんストーリーを描いていくので、当然できばえは粗くなります。それでもいいので、まずは最後の一文を書いてみます。

その後、今度は頭からもう一度全体を見直して、細かいところをていねいに書き足していきます。まさに逆転の発想。効率が悪いようで、じつは圧倒的にスピーディに業務を遂行することができます。

私のお客さんのHさんは、このルーティンを応用して、ブログの記事を書くさいに、まず「最後の一文から書く」を実践したところ、ブログを更新する頻度が倍になったと教えてくれました。また、最後が決まっていると、脱線することが減ったので、より短時間で書けるようになったそうです。

企画書で行き詰まったら、「最後の一文から書く」を試してみてください。

ROUTINE

14

タカメル

時間も手間もかかる
仕事があるときは
「2つの締め切り」を作る

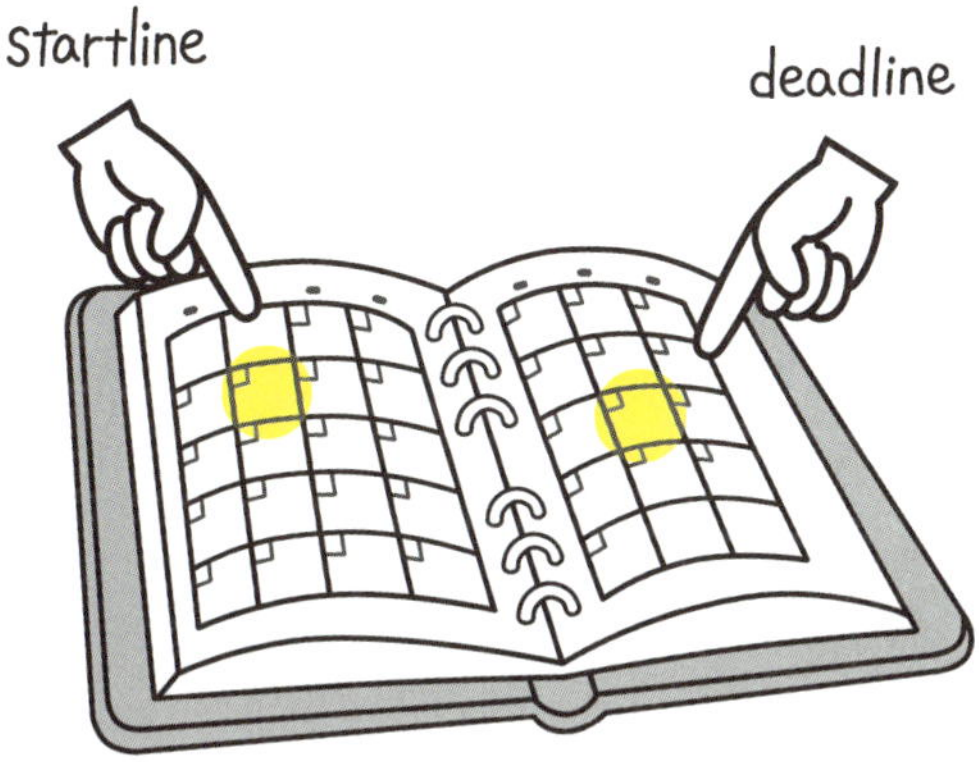

すぐに終わらない仕事は、「取りかかる日」と、「やりとげる日」の2つの締め切りを作る。デッドラインだけでなく、スタートラインを設定することで、スムーズに仕事に着手できます。

これまでも見てきたように、企画書や報告書の作成、中長期にわたるプロジェクトなど、時間も手間もかかる仕事は、後回しにしがちです。そして、締め切り直前にようやく手をつけたら、明らかに時間不足だったということにもなりかねません。

それを避けるためには、仕事をしっかり「スケジュールに入れる」ためのルーティンを行ないます。

具体的には、**「いつ手をつけるか」と、「いつまでに仕上げるか」の2つの締め切りを決めて、すぐにスケジュールに書き込む**のです。

多くの人は、いついつまでに提出するとか報告するとかというデッドラインは設定します。けれど、いつ着手するのかというスタートラインを設定している人は少ないのではないでしょうか。

一般的に、私たちは時間に余裕があればあるほど、作業を先延ばしにしてしまい、最後に追い込まれてギリギリになって着手する傾向があります。これを、**「パーキンソンの法則」**といいます。逆にいえば、タイムリミットを作ることで、集中して仕事をすることもできます。そこで、スタートラインを決めるというこのルーティンを活用してみてください。

私は、本や原稿の執筆、新しいプロジェクトの立ち上げなど、時間も手間もかかる仕事ほど、締め切りを2つ設定するようにしています。

「いつ始めるか」を決めるだけで、仕事を後回しにしたり、放置しているような感覚から解放され、一歩前進したスッキリ感を味わうことができます。精神衛生上、グッドコンディションをキープすることもできるので、オススメです。

また、店長さん向けの研修でこのルーティンを伝えたところ、スタートラインが明確になったことで「スタッフの進捗状況を把握しやすくなった」と話してくれた方もいます。さまざまな場面で応用できるルーティンです。

ROUTINE

15

ユルメル

めんどくさい仕事を後回しにしているときはとりあえず資料を見る

後回しにしてしまった仕事は、最初から完璧を目指そうとせず、まずは「資料を見てみる」ことから始めると、スムーズに着手できます。

日々の業務に追われていると、つい後回しになってしまう案件はありませんか？たとえば、処理が難しくて時間がかかりそうな案件や、やり方を調べないと処理できない案件などです。締め切りが迫っているのは頭ではわかっているのに、「時間がかかりそうで、めんどくさいなぁ」と思って、なかなか着手できない場合、どうしたらよいのでしょう。

難しくてめんどくさい案件ほど、打ち合わせや依頼のあと、すぐに着手するのが理想です。打ち合わせ直後は記憶も鮮明なのでスムーズに処理できますし、もし途中で行き詰まっても、締め切りまで時間があるので、余裕を持って柔軟に対応できます。とはいえ、私もそうですが、なかなか理想通りに仕事が進まないことも多々あります。

そんなとき、行ないたいのが**「とりあえず資料を見る」**というルーティンです。

後回しにした案件を一気に完璧に終わらせようとすると、腰が重くなります。すぐに処理できないか、すぐに処理したくない何らかの理由があったから、後回しにしているからです。

まず最初に、着手する「とっかかり」を作るのがポイントです。「必要書類を、ただ眺めるだけ」であれば、ハードルはぐっと下がります。


仕事に限らず、ほとんどの問題や課題は、先延ばしせずに向き合った時点で、半分は解決しているのです。

私たちは、課題に直面すると「なぜ、このようなことになったのか」という過去への後悔や、「今回のことでこの先どうなってしまうのだろう」という未来への不安に意識が向いてしまいがちです。

そこで、過去でも未来でもない、現在に意識を持ってくる、すなわち「いまに向き合う」その第一歩が「とりあえず見る」という小さな習慣なのです。

まずは、ここから始めてみてください。

ROUTINE

16

ユルメル

初めての営業先に行くときは その建物から一度出る

企業に初訪問するときは、アウェイをホームにする。一度ビルに入り、場所に馴染んだ上で、いったん退出。もう一度ビルに戻ることで、「二度目まして」のホーム感ができる。

もしあなたが営業の方だとしたら、得意先と、新規営業先、どちらのほうが、パフォーマンスを発揮できますか？

薄々お気づきかもしれませんが、得意先です。なぜでしょうか？

得意先は、担当者とも顔馴染みで、場所にも慣れているので、いわば「ホーム」に近いからです。一方、新規営業先や飛び込み先は、初めての場所で、初めての人に対応しなければいけません。さらに、相手に拒否・拒絶されるかもしれないので、緊張もプレッシャーも大きくなります。

初めての営業先に行くときは、先方の業務内容などについて事前に下調べして、情報を得ることで、緊張やプレッシャーをある程度減らすことができます。

そうはいっても、やはり実際に新規営業先に行くと緊張することもあるし、事前の下調べができないこともあると思います。

そこで、営業先のその場で行なえるルーティンをご紹介します。新規訪問先を「アウェイ」から「ホーム」に転換するスキルです。新規訪問先が「ホーム」感覚に近づけば、初対面の担当者も、緊張しすぎずに対応できます。

最初にすることは、**営業先に着いたら、まずその建物に1回入って、空間をぐるりと見渡します。その後、建物を1回出るというルーティンを行ないます。**

たとえ短時間でも、一度建物に出入りしていると、次は二度目になるので、「はじめまして」ではなく、「二度目まして」または「ただいま」という感じになります。ちょっとだけですが、ホームに近づくと、ピリピリとしたモードを払拭できるのです。これで気負いなく、本来のパフォーマンスを存分に発揮できます。

もしも訪問先が一軒家の個人商店などで、ビルではない場合は、一度建物に入らなくてもいいので、建物の前を通過してから、もう一度引き返してみてください。それだけでも、「ホーム」感覚に近づきます。

私のお客さんには、全国各地での講演やセミナー、企業研修を仕事にしている方もいます。初めての場所が苦手というNさんは、講演先でこのルーティンを実践するようになってから、初めての場所、初めての参加者に対しても、どこか親近感を持って、話ができるようになったと教えてくれました。

ROUTINE

17

ユルメル

営業に苦手意識を感じるときは「その契約で喜ぶ人の顔」を想像してみる

営業に苦手意識を感じたら、商品やサービスを買っていただくことで幸せになる人の顔をイメージする。お客さんやその家族、あなたの会社や家族など、思いつくだけ思い浮かべる。

同じ商品やサービスを扱っているのに、売れる人、なかなか売れない人がいます。売れる営業担当者は、どこか雰囲気が似ていると思いませんか。

自分の商品やサービスに絶対的な自信を持っているからか、ハキハキしています。そういう人に、「うちの商品は、業界ナンバーワンです。お客様にぴったりだし、絶対、200%ご満足いただけます！」なんて調子で、自信満々に語られると、「一体、何を根拠に？」と思う反面、「そこまでいうなら、ちょっと試してみようかな……」と相手の提案に素直に乗ってみたくなることがあります。

あなたが扱っている商品やサービスによって、お客さんの困っていることが解決したり、夢がかなったりする。そんな「未来予想図」が具体的に描ける人は、お客さんの「イエス」を引き出すことができます。

この「未来予想図」を描くための最初のステップとしてオススメなのが、**「成約することで喜ぶ人の顔を想像する」**ルーティンです。

たとえば、あなたが「スポーツジム」の会員権を販売しているとします。営業先は、売上のことでストレスがたまり、部下にも怒鳴り散らすことが多い、ある会社の社長さん。

ちょっと想像してみてください。その社長さんが週に2、3回とジムで汗を流すこ

とで、ストレスが発散でき、会社の部下にもやさしくなったとしたら？

当然、社内の雰囲気も変わります。社長の怒鳴り声が響かない社内では、スタッフ

がのびのびと実力を発揮し、会社の売上が上がるかもしれません。すると、取引先へ

の発注も増え、取引先にも笑顔が増えるでしょう。

また、スタッフの家族にもポジティブな影響があります。それまでは、社長に怒鳴

られたスタッフは、家庭で、奥さんや子どもに当たり散らしていたかもしれません。

もし、スタッフがおだやかな気持ちで帰宅できることが増えたら、帰宅後に奥さんや

子どもの話を聞く余裕ができます。

奥さんは、ご主人が話を聞いてくれるので、子どもにきつく当たらなくなるかもし

れません。お父さんもお母さんもやさしく接してくれると、子どもはイライラが減り、

勉強に集中できるようになります。

ちょっと、できすぎた例かもしれませんが、1つの商品やサービスに秘められた可

能性、波及効果というのは、ここまで大きいのです。

・商品やサービスのおかげで、直接喜ぶお客さんの顔
・お客さんが喜ぶことで、好影響を受けるお客さんの家族や友人の顔
・お客さんが法人の場合、会社が変わることで好影響を受ける取引先の社長やスタッフの顔

こんなふうにイメージをどんどん広げていくと、相手の喜ぶ顔をイメージしやすくなります。

人は誰でも、断られ続ければ、「もうこれ以上、営業したくないな」「何で、断られるのがわかっているのに、営業をしなきゃいけないんだろう」と悲観したくなります。そして、営業担当が情熱をなくし、ネガティブモードに入ると、それは必ずお客さんにも伝わります。

結局、「営業するのはイヤだな」と営業に苦手意識を感じるときは、「自分のこと」ばかりを考えているのです。

「売れなくて上司に怒られたら、イヤだな」とか、「相手から断られて、自分がイヤな思いをしたくない」とか、「強引に売り込んだと思われて相手に嫌われたくない」とか。このように、「自分」目線のまま営業するとつらくなります。

反対に、「成約によって幸せになる人の顔」を想像できる人は、自分ではなくお客さんのことを考えています。「この商品やサービスを売ることで、お客さんに◯◯というよいことが起きるかもしれない」「これを使ってくれた人が、さらに喜んでくれたらいいな」などと、「相手」目線でいると、断られても、それほど落ち込みません。

そして、「自分目線」と「相手目線」、どちらの営業スタンスを取るかで、売上も大きく変わってきます。コーチングでは、目線を切り替えることを「ポジションチェンジ」といいます。まずは、喜ぶ人の顔を想像するところから始めてみましょう。

ROUTINE

18

ユルメル

緊張する商談があるときは
手を思いきり握って
ゆるめる

緊張しないように努力するよりも、あえて意図的に緊張を高めたほうが、自然とゆるむことができます。手を思いきり握って、体の緊張を高めてからゆるめてみましょう。

お客さんのもとへ足しげく通い、やっとの思いで商談にこぎつけたら、誰だって嬉しいし、つい力みすぎてしまうこともあるでしょう。適度な緊張は集中力を高めてくれますが、緊張しすぎてしまうと、スムーズに事が運びません。そんなときは、**手をギューッと思いきり握って、ゆるめる**ルーティンを試してみてください。

じつは、「緊張をゆるめよう」「リラックスしよう」と意識しても、その通りにすることは、とても難しいのです。手や足などは、体性神経という神経系がコントロールしているので、意識すれば、あなた自身で動かすことができます。ですが、心臓や胃腸などは、意識しなくても勝手に働く自律神経という神経系がコントロールしているので、意識してコントロールすることが難しいのです。

これは、心臓が口から飛び出るほど緊張しているときに、「落ち着け！」と、どんなに唱えたところで、効果がないのと同じです。むしろ、意識すればするほど、逆に緊張が高まってしまいます。

そんなときの、とっておきの方法があります。

それは、**緊張をゆるめようとするのをやめてみる**のです。逆に、もっと緊張するように力んでみてください。たとえば、緊張が原因で手が震えてしまったら、手をギューッと、思いきり力を入れて握ります。そして、しばらくしたらフッと力を抜いてみてください。

手を思いきり握ることは、あなたの意志で実行できます。意図的に体を緊張させることはできるのです。そして、緊張した体は、今度は自然にゆるみ始めます。こうして体の緊張が落ち着いてくると、気持ちの緊張もゆるみ、平常心に戻っていきます。

私のお客さんで極度のあがり症だったHさんも、このルーティンを実践するようになってから、緊張しすぎて頭が真っ白になることが激減したそうです。どんなに緊張しても、さらに体を緊張させれば、緊張をゆるめられることを知って、「緊張する自分を冷静に見ることができるようになった」と話してくれました。

いざというときに効果があるので、気軽に試してみてください。

ROUTINE

19

キリカエ

商談前に弱気になってしまったときは商談終了時の「最高の笑顔」をイメージする

「思考は現実化する」といいます。弱気なときや自信が持てないときは、終わったときの「最高の笑顔」をイメージして、「成約できそうなよい感覚」を取り戻しましょう。

お客さんが会議室や商談ルームに来られる前のちょっとした「待ち時間」、どんなふうにすごしていますか？

ただでさえ、慣れない「アウェイ」な空間にいる上、「これから商談に臨む」というプレッシャーもあります。「なんだかうまくいかなそうだな」「今回は成約できなそうだな」と弱気になると、イヤな感じを引きずったまま、商談を始めることになってしまいます。

そんなときは、**商談がうまくいったときの最高の状態をイメージする**ルーティンをやってみてください。比較的イメージしやすいのは、**商談終了時の、あなたと相手の「最高の笑顔」**です。

人間はやることがないと、考えすぎてしまうことがあります。考えすぎるとマイナス思考になりやすく、弱気になってしまいます。弱気になると、不安が増幅したり、姿勢が悪くなったり、目線が下がったりして、商談に悪影響を及ぼします。そこで、あらかじめ待ち時間にすることを決めておくと、考えすぎを防ぐことができます。

さらに、あなたと相手の「最高の笑顔」をイメージすると、仮に商談中に、厳しいご意見をいただいたとしても、相手の反応に一喜一憂しないで、落ち着いて対応できます。

また、残念ながら今回は商談がまとまらなかったとしても、相手もあなたも「最高の笑顔」で商談を終えられたら、必ず次につながっていきます。

「営業がつらい」「窓口対応がしんどい」と感じるときは、ぜひこのルーティンを実践してみてください。

ROUTINE

20

キリカエ

契約が取れなかったときは「いまは、タイミングじゃなかった」という

契約が取れなかったときは、「いまは、タイミングじゃなかった」と自分に言い聞かせてみる。「打率」で考えることで、気持ちをスムーズに切り替えられます。

人は、うまくいかないときに「この不調が永遠に続く」と思い込み、うまくいったときは「この幸せは一時的なことに違いない」と思い込んでしまいがちです。

でも本来は、真逆の発想をしたほうが、物事はうまくいきます。

たとえば、商談がうまくいかなかったり、企画が通らなかったりしたときに、「この不調が永遠に続く」と思うのと、「この不調は一時的なこと」と思うのとでは、どちらが次の仕事につながりそうでしょうか？

当然、後者です。

私たちは、**「結果」はコントロールできませんが、「行動」はコントロールできます。**

つまり、相手がイエスというかノーというかはコントロールできないのです。

ただ、相手の返答に対して、それをどうとらえ、どういう行動を取るかは、あなたが選べます。

そうはいっても、やはり契約が取れなかったら、落ち込んでしまうこともあると思います。そんなときは、**「打率」**で考えてみてください。

プロ野球の打者の平均打率はどれくらいだと思いますか？

2割5分が平均打率で、3割を超えたら打者としては一流といわれています。

もしかしたら、あなたは万年ホームランバッターや打率8割超えバッターを目指していませんか？　仕事でも、5回に1回ヒットを打てれば、あとは空振り三振でも、見逃し三振でも、ボテボテのゴロでもありだと考えてみるのです。

契約が取れなかったときは、**「いまは、タイミングじゃなかった」と、心の中で自分にいう**ことをルーティンにしましょう。「打率」で考えることで、気持ちをスムーズに切り替えられます。

これは外部に対しての営業だけでなく、社内への企画提案などでも同じです。私のお客さんのFさんは、企画通過率を2割通れば十分、1割でもOKという感覚を持つようになってから、落ち込んでもすぐに切り替えられるようになったそうです。

また、同じくお客さんのKさんは、打率をイメージするようになってから、「成約」という結果に一喜一憂して振り回されることが減って、いまやるべきことに集中しやすくなったと話してくれました。

どんなにがんばっても結果が出ないことはありますし、手を抜いてもあっさりうまくいくこともあります。打率で考えることで、気持ちを切り替えて、次の打席に集中しましょう。

野球では、バッターボックスに立たない限りヒットは打てません。仕事も同じです。断られても、提案し続けている限り、契約が取れたり企画が通ったりと、成約する確率は上がっていくのです。

ROUTINE

21

キリカエ

会議が終わらなくて
ウンザリするときは
終わってからやりたいことを考える

予想以上にダラダラした進行で、時間のムダとしか思えないような会議では、「会議時間＝まとまった時間」ととらえて、「会議が終わったらやること」を考える。

会議の効率化は、永遠の課題の1つ。実際、時間のムダとしか思えないような会議や打ち合わせがスケジュールにあるだけで、やる気を失うことがあります。

不要な会議は開催しない・参加しないというのが理想ですが、全部切り捨てるのは難しいのが現実です。

さらに、長時間の会議となると、終わったときにはぐったり疲れて、休憩しないと仕事が再開できないこともあります。

こんなときは、会議の時間を「拘束時間」ではなく「意外にまとまった時間」ととらえてみましょう。すると、「時間を有効活用するには、どうしたらいい？」という思考に切り替えることができます。コーチングでは、これを**「リフレーミング」**といいます。

一番簡単に実践できるのは、**「会議が終わったら、やりたいことを考える」**というルーティン。応用編としては、仕事のやり残しや失念事項がないかチェックするための時間にします。

たとえば、会議参加者の顔を1人ひとり見つめながら、「あ！　Aさんにお願いされていた書類、まだ渡してなかった」とか、「念のためあの案件はBさんにも共有しておいたほうがいいな」などと確認することもできます。

あなたにとって重要度の低い会議は、何もしなければ、ただ捨ててしまう時間かもしれません。それを、「いかにして有意義な時間にするか」というゲームに見立ててみると、アイデアが出てきます。さらに、会議時間を有効に使えると、それだけで、何だか得した気持ちになれます。

私は会社員時代、会議の時間を使って、仕事の時間を短縮するアイデアを考えていた時期がありました。私のお客さんの中には、長時間の会議は、普段時間が取れないことをゆっくり考える時間にしているという方もいます。自分の仕事上の課題は何か、それに対してどんな対策を取れるか、チームとして機能しているか、などを考える時間にしているそうです。

私たちは、会議にイヤイヤ参加して自分を消耗させることもできるし、会議終了と同時に「よし、仕事再開！」とスイッチオンの状態にすることもできます。リフレーミングすることで、どちらにするか、いつでも自分で選べるのです。

ROUTINE

22

キリカエ

電話応対にウンザリ気味のときは出た回数を「正の字」でカウントする

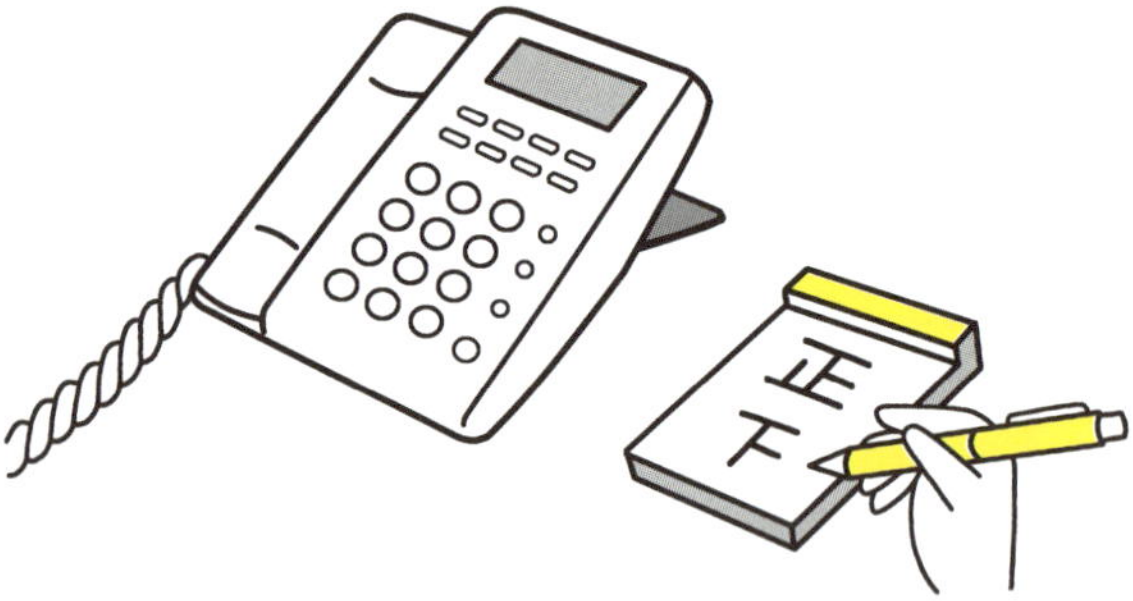

電話応対に追われ、仕事が進まなくてウンザリしたときは、電話に出た回数を「正の字」でカウントしてみると、冷静になれ、今後の対処法も立てやすくなります。

誰が電話に出るのか。

この争いは、じつは結構熾烈かもしれません。営業が出払っていてオフィスに少人数しかスタッフがいない場合は仕方ないとしても、1人、また1人と帰社し、オフィスに複数のスタッフがいる状態で電話が鳴ったとき、どうしていますか。

「いま忙しいんで、電話に出られません」というオーラを出して、他に人がいるときは電話に出ないという方もいれば、「いやいや、忙しいのは自分も同じなんだけどなぁ」と心の中で突っ込みながらも、電話に出る方もいると思います。

もちろん、「電話に出るかどうか」は、あなたが決めていいのです。

たとえば、「自分は新人だから、率先して電話に出るくらいはやりたい」、そう決めて、全部電話に出るのも選択肢としては、ありです。その結果、仕事が終わらずに残業になったとしても、自分で納得しているので、それほどストレスにならないことが多いのです。

また、「他に電話に出る人がいる限り、電話には出ない」と、決めるのもありです。その結果、仕事の効率は上がるけれど、社内で孤立したり、いざというときに助けてもらいにくくなるかもしれません。どの選択をするにしても、メリット・デメリットを自分で引き受ける覚悟があれば、問題ないのです。

ただ、「いつ電話に出て、いつ電話に出ないか」を割り切れない人が多いのが実情です。電話に出っぱなしだと、「何だか、いつも自分ばかり電話に出ている気がする」とイライラしたり、電話に出なかったら出なかったで「いつも電話に出てもらって申し訳ないな」などとモヤモヤを引きずってしまいがちです。

人は自分で決めたこと・自発的な行動なら、それほどストレスを感じずに実行することができます。逆に、同じ電話応対でも、イヤイヤや、やらされ感を覚えながらやると、エネルギーを消耗します。

なので、電話応対も「自分で決める」とストレスが減ります。たとえば、**「1日10本は自分から電話に出る」など上限を決めて、電話に出た回数を正の字でカウントしてみましょう。**

目標を達成できればそこからは電話に出ず、「自分の仕事に集中していい時間帯」と、決めてしまいます。

コーチングでは、これを**「仮決め、仮行動」**といいます。仮にでも、自分で決めておけば、やらされ感を払拭でき、気分よく仕事ができる時間が増えます。

「仮決め」の内容は、人それぞれペースがありますので、様子を見ながら決めてみてください。私のお客さんには、立て続けに電話に出るのがきついということで、「5本出たら、5本は出ない」と決めている方もいます。

電話に出た回数をカウントすることで、行動を「見える化」するという狙いもあります。客観的に電話に出た回数を記録することで、「あれ、自分ばかり電話に出ている気がしていたのに、たった3本か。大騒ぎするほどのことでもないな」と冷静になれたり、「私、今日20本も電話に出てたんだ。仕事がはかどらないわけだ」など、事実がわかれば、冷静になれます。

ROUTINE

23

キリカエ

気が進まない電話をするときは上を見て口角を上げる

電話をかける前に、天井を見上げるように上を向いて、不安やイライラを手放す。次に、口角を「ニッ」と上げることで、気分を少し上向きにシフトできる。

クレーム対応の電話や、回答が遅くなってしまった案件の電話など、少々電話するのが「めんどくさい、気が進まないな」と感じるときに使えるルーティンをご紹介します。

それは、**「上を見て、口角を上げる」**です。簡単にできるので、あなたも試しにいま、やってみてください。アゴと一緒に目線もぐっと上げて、天井を見上げて、一呼吸してみる。

どうですか？　少しだけ気持ちが軽くなりませんか？

このルーティンは、シンプルな2ステップでできています。

まず、上を向いてネガティブな気持ちを手放す。次に、口角をニッと（目安として1ミリ）上げます。つらいことやイヤなことを手放してリセットしてから、気持ちをポジティブに切り替えるという順番で実践してみてください。

上を向くメリットは2つあります。1つは、**人は上を向いたまま、ネガティブなこ**

とを考え続けることはできないということです。自分の感情を直接コントロールすることは難しいですが、姿勢を変えることで、気分を変えることは誰にでも簡単にできます。

もう1つは、**上を向くだけで視野が広くなる**ということです。視野が広がると、ちょっとだけですが、気持ちにも余裕ができて、目の前の現実を手放すことにもつながるのです。

「目は露出した脳」という言葉があるくらい、じつは、人間の目の動きは、脳の働きと密接に関係しています。たとえば、目線の上と下。正確にいうと、右上が「未来」で、左下が「過去」です。

イヤなことを思い出したり、振り返ったりするときには、目は下のほうに動きます。つまり、下を向くと、思考は過去に向かいます。気が進まないときに下を向くと、気が進まない原因を探し始めたり、同じように気が進まなかった過去のことを思い出してしまうのです。

一方、人間の目が上に動くときには、イメージを新しく描くときです。将来の明るい展望やプラスのイメージを描くには上を向いたほうがいいのです。気が進まないときに上を向くと、「気が進まないなぁ。さて、これからどうしようか?」と、思考は未来に向かいます。というわけで、自分の感情をポジティブに持って行きたいとき、マイナスの感情から抜け出したいときは、上を向くのがオススメです。

さらに、口角をニッと上げると、自然と笑顔になります。そして、人は笑うと、ポジティブで前向きな気持ちになれるのです。

心理学的にも、**笑顔に似た表情を強制的に作ると、感情もポジティブになる**と証明されています(ドイツのマンハイム大学のステッペル博士の研究など)。

あなたが少しでもポジティブになれば、自然と電話の声もワントーン上がります。その「いい感じ」で、電話を受けるお客様にもよりよい影響を与えられる自分になっていきましょう。

ROUTINE

24

タカメル

謝罪をしないといけないときは まずは「謝る練習」をする

いきなり「謝れ」といわれても難しいので、まずは、謝る練習をする。謝罪の練習をすることで、「よし、本番いくぞ!」と、リアルに腹が決まります。

仕事をしていると、ミスやトラブルで、どうしても謝罪しないといけないこともあります。

謝罪に行くのは気が重いですし、あわよくば、うやむやにしたくなる気持ちもわからなくはありません。けれど、時間がたてばたつほど、こじれやすくもなります。事が起こったら、スピード重視で謝罪するほうが功を奏しそうです。

私たちが「謝罪」するのを面倒だと感じる理由は2つあります。1つ目は、「謝罪慣れ」をしていないからです。2つ目の理由は、中途半端な謝罪が原因で、さらにトラブルになる可能性があるからです。

慣れていないことは、練習すればいいのです。また、**「謝罪の練習」**をするときに、相手の立場から見てみることで、火に油を注ぐような事態を回避できます。

謝罪の練習は2段階で行ないます。まずは、潔く、申し訳ないという気落ちを込めて「お辞儀」をする練習をします。日本の美しい所作を活用するのであれば、「本当に申し訳ございませんでした」と相手の目を見ていい、それから深々とお辞儀をすること。ペコペコお辞儀をしながら同時に「申し訳ございませんでした」というと、誠意が伝わりにくくなります。

次に、鏡の前で、自分が謝罪する姿を見てみましょう。「相手から見たら、どう感じるか」を確認するためです。「不快な思いを増長させていないか」「自分が相手だとしたら、どう謝罪したら、少しは怒りが収まるか」をチェックします。これをコーチングでは、メタ認知といいます。

人は考えすぎると足が止まってしまいます。気が重いことほど、「考えてから行動する」より、「まずは行動してから考える」と、スムーズに着手できます。くり返しになりますが、脳のやる気スイッチ「側坐核《そくざかく》」を動かすコツは、「まず、動き始める」こと。

謝罪の練習をすることで、「よし、本番いくぞ!」と、リアルに腹が決まります。

ROUTINE 25

キリカエ

仕事で失敗して
動揺しているときは
洋服のホコリを払って「ミスを払う」

失敗を挽回する前に、動揺やショックから気持ちを切り替えるのが先決。ミスや失敗から注意をそらす行動を決めておくと、短時間でも気持ちを切り替えられます。

失敗して、痛い目にあったことは、誰だって何度もあるはずです。私たちは、機械ではなく人間なので、感情の浮き沈みもあれば、コンディションの良し悪しもあります。また、人との相性の良し悪しもあるからです。

ミスをしないための対策を立てることも必要ですが、「ミスをしたあと、どう対応するか」も大切です。

あなた自身が原因でも、そうでなくても、お客さんに迷惑をかけたり、会社の損失になるようなことになれば、誰でも落ち込みます。

そして、「こんなことになるなら、この仕事をしなければよかった」「どうして、もっとしっかり確認しなかったんだろう」「なぜ、あんなことをしてしまったんだろう」などと、自分を責めてしまうこともあります。

けれど、トラブルが起こったときに、失敗を挽回しよう、トラブルを回避しようと、あせったまま行動すると、さらにトラブルが拡大してしまうこともあります。いわゆる二次災害、三次災害です。

これは、**緊急事態になると、脳の原始的回路が作動するからです。**この恐怖の回路が作動すると、アドレナリンが出て、呼吸や心拍数が増え、汗が出ます。そうなると、自動的に「逃げる」か「戦うか」の準備が始まるのです。さらに、脳の非常ボタンが押されるので、「生き延びる」目的以外の脳内の他の活動が低下し、危険の発生源に意識が集中してしまいます。

仕事でトラブルが起きたときに、責任回避したり、逆切れしたり、判断を誤ったりするのは、この脳の恐怖の回路の働きかもしれません。

では、この恐怖の回路をオフにするには、どうしたらいいのでしょうか。こんなときは、心理学で**「ソート・ストッピング（思考停止法）」**と呼ばれる、思考停止のためのルーティンを行ないます。

具体的には、**洋服のホコリを払って、同時に「ミスを払う」**のです。

失敗の反省や分析は後回しにして、まずはネガティブな思考や感情を一時停止することで、目の前のトラブル処理に集中します。このとき、頭の中で「停止」と命じても、恐怖の回路をオフにできないこともあります。そこで、洋服のホコリを払うという「行動」を入れることで、恐怖から注意をそらすのです。

お笑いタレントの明石家さんまさんの座右の銘「生きてるだけで丸儲け」という言葉に、私自身ハッとした経験があります。仕事で起こしたミスで自分の命を取られることは、まずありません。たいていのことは、何とかなります。

ですが、実際には、クヨクヨ・モヤモヤして落ち込みを引きずってしまうこともあるかと思います。絶体絶命のピンチのときこそ、一度開き直る。その上で、冷静に対策を考えたほうが、ショックを引きずったまま考えるよりも、建設的な打開策が見つかる確率が高まります。

ぜひ、あなたも「ソート・ストッピング」を活用してみてください。

ROUTINE

26

キリカエ

がんばりすぎて集中力が切れそうなときはお腹をへこませて姿勢を正す

がんばりすぎて集中力が切れそう。そんな状態を仕切り直したいときは、お腹を思いきりへこませる。この状態をしばらくキープすることで、シャキッとした気持ちで仕事ができます。

根を詰める仕事を長時間続けて、どうも集中力が持続しない。けれど、まだまだ大事な仕事があって……。

「気合い」で乗りきれるうちはいいのですが、誰でも、気分が下がってくると背中がだんだん丸くなったり、前屈みになって猫背になりがちです。すると、目線が下がるので、視野が狭まり、さらに気分も下がってしまいます。

こんなとき、休憩を取らずに簡単に仕切り直せるルーティンをご紹介します。**お腹にぐっと力を入れてへこませるだけです。**こうすると、姿勢がよくなります。姿勢は、気持ちにも影響しますが、集中力にも影響します。いい姿勢になると、気分もよくなり、集中力も持続しやすくなるのです。

武道の達人は集中することの達人でもありますが、猫背の人はほとんど見かけません。それは、姿勢をよくするだけで、集中力が向上するからです。

理由は2つあります。

1つは、**姿勢がよくなることで脊髄の神経回路の伝達がスムーズになる**のです。脊髄には、重要な神経が集まっており、第二の脳ともいわれています。姿勢がよくなることで、神経伝達がスムーズになるわけです。

もう1つは、**姿勢がよくなることで、気管の通りがスムーズになり、その結果、呼吸が深くなります。**すると、血液循環が増え、酸素も十分に供給されるので、結局脳へ供給される酸素量も増え、集中力が向上するのです。

なぜ、お腹をへこませるのかというと、「いい姿勢」というのは抽象的な言葉なので、人によってとらえ方にバラツキがあるからです。「姿勢をよくしてください」といわれても、ピンとこない人もいるのです。「お腹をへこませる」だと、誰でも結果的に、アゴを引いて背筋が伸びた美しい姿勢になります。

何か行動をしようとして、うまくいかない場合、その原因が「行動の定義があいまいだから」ということがあります。そんなときは、誰でもすぐに理解できて、すぐ実践できるような表現に変えることで、あっさり行動できるようになることがあります。

余談ですが、私のお客さんには、このお腹をへこませるルーティンを実践するようになってから、「お腹まわりがスッキリしてきた」というオマケがついてきて、喜ばれている方もいます。

気持ちは、切り替えてもすぐに下がってしまうこともありますが、姿勢は一度切り替えるとある程度持続します。会議中などであまり動けないときにもこのルーティンなら実践できるので、オススメです。

ROUTINE

27

ユルメル

バタバタして余裕ゼロのときは 1分間目を閉じる

食事休憩もままならないほど忙しいときは、1人になれる空間で、1分間目を閉じる。トイレの個室でも、屋上でも場所はどこでもOK。

人の集中力が続く時間は、私たちが思っているより、ずっと短いです。私たちは機械ではないので、長時間のプレッシャーには強くありません。訓練したとしても、人が高度な集中力を何時間も持続させることは難しいのです。

そこで、仕事が立て込んでいて追い込まれているときや、食事する時間さえ惜しいときでも、短時間で回復できるルーティンをご紹介します。

1人になれる場所であれば、トイレの個室でも屋上や非常階段、ベランダなど、どこでもOK。席を外せないときは自分のデスクでも構いません。**とにかく、1分間目を閉じてください。**

もちろん、昼寝が許される会社であれば、10分でも15分でもソファに横になるのが一番効果があります。ですが、実際には昼寝をする場所もなく、会社で昼寝をする雰囲気でもないから、できないという方のほうが多いかもしれません。1分間目を閉じて「寝たふりをする」ルーティンであれば、誰でもできます。

目から何も情報が入らない1分間があるだけで、脳を休ませることができます。なぜなら、人間の脳が視覚から得る情報の割合は83%という研究データがあるくらい、**視覚を遮断すると脳への負荷を減らせる**からです。

目を閉じるだけで、脳からリラックスでき、たった1分でも意外なほど回復します。

「忙しいときほど、目を閉じる」を実践してみてください。

ROUTINE

28

キリカエ

机が散らかっていて ウンザリするときは 「２つのデスク」を片づける

机が散らかっていて仕事に集中できないときは、机とパソコンのデスクトップという、「２つのデスク」を整理整頓する。

机とパソコンのデスクトップという「2つのデスク」がゴチャゴチャしていると、パチッと仕事モードに切り替えることが難しくなります。考えがゴチャゴチャして整理するのに時間がかかるだけでなく、必要な物や情報にアクセスするのに時間がかかってしまうからです。

机に書類や筆記用具が散らかっている状態は、じつは思っている以上に私たちの負担になっています。

私たちが意識する・意識しないに関係なく、物があるだけで、それを管理するためにエネルギーを消耗しています。なぜなら、人は視覚から得る影響が大きいから、というのは先述した通りです。物を減らすと、視覚からの情報が減るので、脳の負担も少なくなります。

これは、パソコンのデスクトップでも同じことがいえます。

机が散らかっていてウンザリするときは、**机まわりと、パソコンのデスクトップの「2つのデスク」を片づける**ルーティンを行ないます。

見た目がスッキリすると、気持ちも思考もスッキリするので、集中力が上がります。

私のお客さんのIさんは、大きな締め切りが来る前に、必ず机の上やデスクトップ上をスッキリさせておくことをルーティンにしているそうです。

仕事環境を整え、気持ちよくすごすことも、セルフマネジメントに効果的です。

ROUTINE

29

キリカエ

机を片づける余裕すらないときは まずゴミ箱をカラにする

机が散らかっているけれど、片づける気にならないときは、一度にキレイにしなくてもOK。まずは「ゴミ箱をカラにする」ことからスタートしてみる。

「2つのデスク」を片づけたら、環境も気分もスッキリします。とはいえ、片づけが苦手な人がいきなり行なうのは、ハードルが高いですよね。

苦手な人ほど、一度に完璧にキレイにしようとする傾向があります。ただでさえ仕事で忙しい中、2つのデスクを完璧にキレイにしようとすると、ものすごくめんどくさく感じてしまいます。すると、「別に今日やらなくてもいいか」と、ついつい先延ばしにしがちです。

そんなときでも、すぐにできるルーティンをご紹介します。

コツは、**たった1か所だけでいいので「今日はここをやる」と決めて、あまり欲張らないこと。**

まずは、机よりも取りかかりやすい、**「ゴミ箱をカラにする」**ルーティンを行ないましょう。

ゴミ箱だけでもスッキリすると、人は気分が軽くなります。スッキリ感も気分のよさも伝播するので、今度は本当に机をスッキリさせたくなってきます。

気分が乗ってきたら、書類をシュレッダーにかけたり、デスクの上を拭くなど簡単なことをプラスしてみましょう。

掃除は、一気にやろうとすると時間も手間もかかるので、行動しづらくなります。STEP1で行動のハードルを下げるためにはチャンク（塊）を下げるといいました。掃除のチャンクも小さくすると、実行しやすくなります。長くても1分以内でできる簡単な行動にして、ちょこちょこやると、意外にストレスなくできるので、オススメです。

ROUTINE

30

キリカエ

いいところで仕事が
中断してしまったときは
ドリンクを飲んで仕切り直す

せっかく集中しているときに仕事が中断してしまった場合のリカバリー方法は、ドリンクを飲むこと。コーヒーやお茶を飲んで、あなたのペースに戻しましょう。

サンクチュアリ出版＝本を読まない人のための出版社

はじめまして。
サンクチュアリ出版 広報部の岩田です。
「本を読まない人のための出版社」…って、なんだソレ！って
思いました？ ありがとうございます。
今から少しだけ自己紹介をさせて下さい。

今、本屋さんに行かない人たちが増えています。
ゲームにアニメ、LINEにfacebook…。
本屋さんに行かなくても、楽しめることはいっぱいあります。
でも、私たちは
「本には人生を変えてしまうほどのすごい力がある。」
そう信じています。

ふと立ち寄った本屋さんで運命の1冊に出会ってしまった時。
衝撃だとか感動だとか、そんな言葉じゃとても表現しきれない程、泣き出しそうな、叫び出しそうな、とんでもない喜びがあります。

この感覚を、ふだん本を読まない人にも
読む楽しさを忘れちゃった人にもいっぱい
味わって欲しい。
だから、私たちは他の出版社がやらない
自分たちだけのやり方で、時間と手間と
愛情をたくさん掛けながら、本を読む
ことの楽しさを伝えていけたらいいなと思っています。

いい感じで集中しているときに、思わぬ理由で仕事が中断してしまい、イライラ、モヤモヤしながら仕事を再開することはありませんか?

たとえば、企画書作成に熱中していて、「あと少しで完成!」というときに、「○○さん、ちょっと来てくれる」と上司に呼ばれたり、急な来客の対応があったりして、仕事が中断してしまった。おかげで、せっかくの勢いがなくなってしまって、もう一度仕事に集中するのに苦労した苦い経験は、誰にでもあるはずです。

こんなときは、どうすればスムーズに仕事に戻れるのでしょうか。

私は喫茶店やホテルのラウンジで、コーチングセッション(お客さんとの対話)や打ち合わせを行なうことがあります。

そのとき、会話の間を見て、オーダーを取ったり、ドリンクを持って来てくれたりすると「すばらしいサービスだな」と感激することがあります。一方で、会話が弾んでいるときに「失礼いたします」と割り込まれて、セッションのペースが崩れてしまった経験を何度もしています。

そんなとき、「何でこのタイミングでオーダーを取るんだ」「ドリンクを持って来るなら、あと1分待ってほしかったのに」などと、イライラ、モヤモヤしたままだと、コーチングセッションも打ち合わせも、集中できなくなってしまいます。

そういう場面で、私は「仕切り直す」ようにしています。「せっかくなので、ドリンクを飲んでから、再開しましょうか」といって、仕切り直すと、もう一度集中することができるのです。

あなたの望んでいないタイミングで仕事が中断してしまったときは、**ドリンクを飲むという「仕切り直し」**のルーティンを行ないましょう。

ルーティンの目的は、「邪魔された」というイヤな流れを断ち切って、自分のペースを取り戻すこと。その場でドリンクを飲むのはもちろん、自動販売機などに買いに行っても構いません。コーヒーやお茶を入れてもいいでしょう。とにかく自分のペースに戻すのです。

ドリンクを飲んで、あなたのペースに切り替わったら、速やかに自分の仕事に戻りましょう。

それでは、一度自分のペースに戻したのにもかかわらず、再度、上司などの横槍が入ったら……?

私の場合、再度中断してしまったときは「その上司の用件をいまの仕事のアイデアにつなげられないかな?」とポジティブに考えます。「邪魔」ではなくて「ヒント」が降ってきたと、とらえるようにしているのです。

「起きたことには、何でもつながりがある」と見立てると、何が起こっても腹を立てずに、ニュートラルなスタンスを保つことができます。これも、やる気をコントロールするコツの1つです。

ROUTINE

31

キリカエ

ダラダラ休憩を防ぎたいときは「10秒コマンド」メモをパソコンに貼る

休憩に入る前に、仕事再開後すぐにやる「コマンド（作業）」を1つだけメモする。休憩後、すぐに仕事をリスタートするコツです。

何となく5分休憩を取っただけなのに、思いの外、気持ちがゆるんでしまった。トイレから席に戻っても仕事モードに入れず、ついネットサーフィンして30分もムダにしてしまった。

いまいち集中できなかったので、気分転換のために休憩したら、他のことが気になり出して、さらに仕事に集中できなくなってしまった。

休憩などで席を外したときの「あるある」といっていいでしょう。

本来、より仕事に集中するために休憩を取ったはずなのに、それが原因で緊張がゆるみすぎて、くつろぎモードに切り替わってしまう。そういうことが続くと、「休憩を取らないほうがまだまし」となりがちです。しかし、それではメリハリがつかず、かえってダラダラ仕事になる可能性もあります。

休憩を取るなら、**「あなたのタイミングで能動的に」**が鉄則です。なぜなら、自分の意志でオフにした仕事モードは、再び自分の意志でオンにしやすいからです。

DVDでたとえるならば、再生を中断するとして「一時停止」と「停止」では、どちらが再開しやすいでしょうか？

「一時停止」であれば、再生ボタンを押すだけで再開できますが、「停止」してしまうとチャプターを選んだりする手間が増えます。自主的な休憩は「一時停止」、強制的な休憩は「停止」に近いイメージです。

基本は自主的な休憩を取ること。そして、休憩を取る前にやっておきたいルーティンがあります。それは、**再開後、最初に取りかかる仕事をメモしておく**ルーティンです。このメモの書き方にもコツがあります。**「いますぐ、○○する」**という型で書いてみてください。すると、机に戻って来たときにスムーズに仕事を再開しやすくなります。

私は常々、楽しくて、ついついやってしまう「ゲーム感覚」を、仕事に活用できたらいいなと考えています。そこで一番応用できそうだなと思ったのが『ドラゴンクエスト』シリーズに代表されるロールプレイングゲーム（以下、RPG）です。

RPGには、はまる要素がいくつもあります。その1つが、「何をするか？」というコマンドが「明確」で「コマンドの数が限定されている」ことだと、私は考えています。

どういうことかというと、たいていのRPGでは、「調べる」「話す」「戦う」「回復する」などコマンドが明確で限られているので、迷うことも時間をムダにすることもありません。

じつは、私たちが休憩後すぐに仕事に集中できないのは、「コマンドが不明確」で「無数のコマンドがある」ことが原因の1つなのです。

あなたは、休憩後に、隣の人と雑談することも、ネットサーフィンすることも、新しい仕事に取りかかることも、休憩前の仕事を再開することもできます。休憩後に何をするか明確に決まっていないと、スムーズに仕事を再開できなくなってしまうのです。

逆に休憩後は、「○○する」と、明確なコマンドを1つだけ決めておけば、迷うことなく仕事に戻れる確率が高まります。

これも、脳のやる気スイッチである「側坐核《そくざかく》」を動かすためです。くり返しになりますが、脳科学的にも「やる気」を出すコツは、「まず動く」ことです。

メモは、「いますぐ、○○の書類を見る」「いますぐ、Aさんにメール返信」など、10秒あれば着手できる内容にすると、よりスムーズに仕事を再開できます。私は、通常のToDoリストと区別するために**「10秒コマンドメモ」**と呼んでいます。もし、休憩後にスムーズに仕事を再開できなかったら、別の10秒コマンドを試してみればいいのです。

10秒コマンドメモはマウスの上や、パソコンの画面など、戻って来たときにすぐに目がいくところに貼ります。普段パソコンを使わない方は、机の真ん中やデスクマットの上など、わかりやすいところにメモを残します。

余裕があれば、席を立つ前に必要書類を机の脇にセッティングしておくと、戻ってきたときに、よりスムーズにリスタートできます。

ROUTINE

32

タカメル

上司不在でダラダラしてしまうときは「マイ上司」の写真を見る

上司不在で気がゆるみすぎて仕事に集中できないときは、適度な緊張感を持つために「こんな人になりたい」とあこがれる理想の人の画像や写真を見る。

上司が終日不在のときは、どんなふうにすごしていますか?

「ここぞ」とばかりにずっと張り詰めていた気持ちをゆるめてリラックスしてすごすこともあれば、いつもより長めに雑談をしてみたり、普段よりゆっくりのペースで仕事をすることもあるのではないかと思います。

ただ、1日中ダラダラしているわけにはいきません。また、フリーランスの方なら、そもそも上司がいないのが基本です。

STEP1でも先述したように、私たちがやる気を失ったり、仕事が止まってしまったりする精神的要因の1つが、緊張しすぎか、気がゆるみすぎだからです。人が仕事に集中するのには適度な緊張が必要です。

つまり、上司不在でも、仕事のパフォーマンスを上げるためには、適度な緊張はあったほうがいいのです。

そこで行なうルーティンが、**「こんな人になりたい」と思うロールモデル、私の言葉でいえば「マイ上司」の画像を眺める**こと。顔を見ているだけで、シャキッとした気分にしてくれる人がオススメです。

たとえば、「理想の上司」（明治安田生命調べ）というランキングで、例年、上位にランクインするような著名人。イチロー選手、松岡修造さん、池上彰さん、天海祐希さんなど。プロ意識が高く、自分にも厳しそうな人たちに、ダラリと頬杖をつく姿を見られたとしたら……、ギクッとしませんか？

私のお客さんには、歴史上の偉人や両親、中学時代にお世話になった担任の先生を「マイ上司」にしている方もいます。マイ上司の画像をスマホの待ち受け画面にしたり、机の引き出しの中に入れたり、スケジュール帳に入れている方もいます。

マイ上司に見られながら、ふと思う。

「あんなに才能豊かで結果を出している人でさえ努力を重ねているのに、自分はまだまだだな」

自ずと行動は変わってくるはずです。

ROUTINE

33

タカメル

上司不在でダラダラしてしまうときは 「密着取材」されている気になってみる

上司の不在で気がゆるみそうなときは、ドキュメンタリー番組で密着取材されている気になってみる。

上司の不在時にパフォーマンスを上げたいときのもう1つのルーティンは、『情熱大陸』や『プロフェッショナル　仕事の流儀』といった、**あなたが好きなドキュメンタリー番組に密着取材されていると妄想する**こと。

誰もが知る人気番組にカメラを向けられれば、いつもよりアクセルをぐっと踏んで、本気モードになれます。

じつは、「見られている」という意識、人からの視線は、人を成長させてくれます。パッとしないように見えたタレントさんが、人気とともにあか抜けてくる秘密も、「この人すごい」という視線を集めていることにあるのです。

これを心理学では**「ピグマリオン効果」**といいます。ピグマリオン効果とは、「この人はすごい」という期待をかけられると、人は伸びて期待通りの成果を出すという傾向のこと。アメリカのハーバード大学のローゼンタール博士が研究で実証しています。逆に、「この人はできない」と期待しないことによって成果が下がることを、「ゴーレム効果」といいます。

これは、私たちビジネスパーソンにも当てはまります。「この人は仕事ができる」「この人はプロフェッショナルだ」という視線を集めることで、適度な緊張が生まれ、私たちは磨かれていくのです。こういう話をすると、「どうせ自分は、会社で期待されていないし……」「あこがれの眼差しで見てくれる人などいない」と、がっかりされる方もいるかもしれません。

安心してください。たとえ、誰からも期待されていなかったとしても、「ドキュメンタリー番組で密着取材されているつもり」「期待されているつもり」の視線でも、十分効果があります。大勢の観客や、取材クルーに見つめられていると思うと、絶対にダレません。ぜひ試してみてください。

ROUTINE 34

キリカエ

会社でイヤなことがあったときは
行きたくなくても
トイレに行く

会社でイヤな気持ちになったときは、とにかく一度その場所を離れる。ネガティブな感情は、トイレで手を洗うことで水に流す。

上司と言い争ってしまった。
何気ない一言に傷ついた。
お客さんに電話で怒鳴られた。
同僚の成果を素直に喜べない。

こんなふうに、人は誰でも、イライラ、モヤモヤしたり、落ち込むことがあります。落ち込みすぎないように精神力を鍛えることも可能ですが、落ち込んだときには、「どれだけ早く立ち直れるか」を考えるのがオススメです。

仕事でうまくいく人を観察していると、落ち込まないのではなく、切り替えが早いのです。落ち込みを必要以上に引きずらないので、「次の目の前のこと」に集中できます。一方、落ち込みを引きずってしまう人は、一度気分が下がると、挽回するのに時間がかかります。

仕事でイヤなことがあったときは、精神力を鍛えなくてもできる、仕切り直しのルーティンで気持ちを切り替えてみましょう。

職場でイヤなことがあったら、その場を速やかに離れるルーティンを即座に実行してください。なぜなら、無理してその場にい続けて、ネガティブな感情のまま何かをしても、さらにネガティブな結果を生み出してしまいがちだからです。

大相撲の力士もタイミングが悪いといったん外して、仕切り直します。それと同じです。

具体的には、**行きたくなくてもトイレに行きましょう。**そうすると次の2つの効果が得られます。

①イヤな感情が生まれた空間から、一度離れることで、仕切り直せる
②手を洗うことで、水と一緒にイヤな気持ちも流せる

私のお客さんのIさんは、電話応対中などで席を外す余裕がないときは、「滝の近くにいる」とイメージするそうです。すると、ミストシャワーが降り注ぐように、その場の空気も気持ちもスッキリして、仕切り直すことができるのだとか。

これも、「ソート・ストッピング（思考停止法）」の一種です。実際に手を水で洗ったり、イメージで水に流すことで、イヤなこともすべて水に流す効果があります。手洗いだけでなく、顔を洗ったり、うがいしたり、歯磨きするのもいいでしょう。

コーチングでは、これを**「クリアリング」**といいます。いま、モヤモヤしていることを、クリアにしてから、スッキリした状態で本題に入るテクニックです。

また、泣きたいときは、無理に我慢する必要はありません。涙にもクリアリング効果があるので、イヤな感情を流してくれます。こみ上げるものがあるのであれば、トイレなどの個室で思いきり泣くと、スッキリします。

このルーティンは、企業研修でお伝えすると、特に喜ばれるものの1つです。ぜひお試しください。

ROUTINE

35

キリカエ

会社でイヤなことがあったときは「本当は、どうしたかったか」を明確にする

上司に注意されたりして気持ちが沈んだときは、ある程度落ち着いたら、「本当はどうしたかったか?」「自分は何を期待していたのか?」をはっきりさせる。

私が、メンタルコーチとしてオリンピック出場選手をサポートするときは、「試合中にイヤな感情を引きずらない」ためのルーティンを大事にしています。なぜなら、試合では、どんなに準備しても思い通りにならないことや失敗があるからです。

失敗したり予想外の展開になったときに、いかに、気持ちを切り替えられるかは、トップアスリートにとっても重要なのです。

私たちビジネスパーソンも、会社で落ち込んだときに、いかに短時間で切り替えられるかが、仕事の効率や成果に直結します。立ち直るためのルーティンとして、効果的なものをご紹介します。

それは、**「本当は、どうしたかったか？」「本当は、どうしてほしかったか？」を考える**ということです。

じつは、**「期待と現実」のズレが、人が、怒ったり、落ち込んだりする要因の1つになっています。**たとえば、上司から注意を受けたとして、心当たりのある場合と、まったく予期していなかった場合とでは、怒りや落ち込み具合は違ってきます。

そして、人は、「本当は何を期待しているのか」を自分でも認識していないことのほうが多いのです。そのズレを無視したまま先に進もうとすると、さらにズレが大きくなってしまうので、修正が難しくなります。結果として、イヤな感情を長く引きずってしまうことになります。

テニスの試合で、ミスショットをした選手が直後に素振りをすることがあります。これは、ミスショットをして期待と現実にズレが生じたときに、「本当はこう打ちたかった」というイメージで、ただちに素振りをしているのです。すると、成功したイメージに切り替えられ、気持ちも切り替えることができるのです。

会社で落ち込んだときは、「本当はこうしたかった」「本当はこうしてほしかった」というあなたの期待を明確にします。素振りをするように理想型をイメージすることで、ズレが修正でき、気持ちを切り替えられます。

ROUTINE

36

キリカエ

落ち込んで
自分を責めてしまうときは
気の許せる相手と話す

ものすごく落ち込んで自分を責めてしまうようなときは、人の力を借りてみる。気の許せる人に話すことで、心を軽くしましょう。

上司にガツンと怒られてしまったときや、致命的なミスをしてしまったときは、「自分なんてどうせダメだ……」などと悲観的になって、自分をさらに責めてしまいがちです。こうなると、ダメダメ・スパイラルに入ってしまい、仕事に集中することも難しくなってしまいます。

そんなときは、同僚、友人、身内などどなたでも構いませんので、**あなたのことをよく知り、辛抱強く話を聞いてくれる人に、話をする**ルーティンを行ないます。

「話す」の語源は、「放す」。心理学的にも、話すことで、気持ちや思いが整理されて、イヤな気分を手放すことができます。

社内に何でも話せる関係の人がいれば、席まで行って話を聞いてもらうのも効果的です。

「うん、うん」とうなずきながら、あなたの話に耳を傾けてくれる人がいれば、次第に気持ちは晴れます。

ROUTINE

37

ユルメル

苦手な人に対応するときは その人の背景を「オレンジ色」で イメージする

苦手な人のイメージを少しでも和らげるために、背景をあたたかなオレンジ色にして想像してみる。

人は、自分が「意味づけ」したように、相手を見ます。たとえば、Aさんを「苦手な人」として一度意味づけすると、Aさんについて苦手だと思える部分ばかりが目に入ってくるようになります。

これを心理学では、**「確証バイアス」**といいます。そういう意味で、誰にでも「苦手な人（＝苦手だと感じている人）」がいるのは、自然なことです。

ただ、苦手な人が上司や仕事のパートナー、常連のお客さんだと、毎日のことだけにストレスを感じてしまいます。また、「この人苦手だな、イヤだな」と心の中で拒否しながら無理して親しげに接すると、よけいにつらくなります。また、そのような態度は、相手にも伝わります。

できるだけその人を好意的な視点で見るために、ここでは色彩心理学に基づいたルーティンを行ないます。

ちょっと、色彩実験をしてみましょう。

まず、「苦手だな」と思う人を思い浮かべ、その人を「色で」イメージしてみてください。おそらく黒とか灰色、あるいは青色などの寒色系を連想する方が多いのではないでしょうか。何となく、暗く、寒く、冷たい感じです。

次に、その人の背景に「オレンジ色」をイメージしてみてください。

オレンジは、あたたかく、親しみや明るさを感じさせる色です。色は人によって好みが分かれますが、オレンジを嫌う人は少なく、好意的な色として受け止められています。相手の印象が和らぎ、前よりは、親しみやすくなったのではないでしょうか。

ただ、**相手の背景をオレンジ色でイメージする**だけです。ですが、少し「意味づけ」を変えるだけで、相手への印象も変わってきます。

私のお客さんのSさんは、人に対してイヤだなという感情が出てきたときには「オレンジ色と同時に、その人の最高の笑顔をイメージする」というのをルーティンにしています。

これは、簡単なルーティンなので、いつでもどこでも行なうことができます。マスターすれば、対人関係のストレスを軽減できます。

ROUTINE

38

キリカエ

苦手な人に対応するときは「最悪の人」と比較してみる

苦手な人に遭遇したら、もっと「最悪の人」と比較してみる。「あの人よりはましだな」と思えたら、自然と苦手な人のいいところも見えるようになります。

「何であの人は、ああなんだろう。○○さんなら、こうするのに……」などと、自分の苦手な人を、つい理想の人と比べてしまうことはありませんか？

一度、「この人は苦手だな、イヤだな」と感じてしまうと、先述した「意味づけ」の効果で、その人のやることすべてについて、イヤなところやダメなところばかりが目につくようになり、さらに険悪なムードになってしまうこともあります。

私たちは、苦手な人に接するとき、勝手に、「理想の人」や「架空の完璧な人」と比べて、心の中でダメ出しをしてしまいがちです。そして、そういう態度は言葉にしなくても、相手にも伝わります。誰でも、相手から「イヤなやつ」という目で見られたら、いい気はしません。

さらに、心理学的には、「注目」したところに意識が向くので、相手のイヤなところに注目すればするほど、イヤなところが目立ってしまいます。

では、どうしたらいいのでしょうか？

「逆の注目」をすればいいのです。

つまり、**相手の「イヤなところ」ではなく、「いいところ」を見る**ようにすればいいのです。一度、相手の「いいところ」に注目できるようになれば、「あ、意外に、こんなにいい面もあったんだな」と、さらに、いいところに気づくようになります。そうはいっても、苦手な相手の「いいところ」を見つけるのは、難しいときもあります。

そこで、私からの提案です。どうせ勝手に相手と比べるなら、「最悪の人」と比べてみませんか?「う〜ん……、あの人よりはまし」と思えたら、しめたもの。相手のいいところを、冷静に探す余裕が出てきます。

苦手な人に遭遇したら、過去に出会った「最悪の人」と比較してみるルーティンをやってみてください。

たとえば、ダメ出しが厳しすぎる上司だったら、スタッフに無関心で、ダメ出ししなかった以前の上司と比べると、責任感がある人なんだなと思えたりします。

また、何でも強引に一方的に決めてしまう上司だったら、スタッフを尊重しすぎてなかなか決められない優柔不断な上司と比べると、リーダーシップのある人なんだなと見られるようになったりします。

「あの人よりはマシだな」と思えたら、苦手な人のいいところも自然と見えるようになってきます。

本来、相手を誰かと比べて評価すること自体がナンセンスかもしれません。けれど、仕事をする以上、好き嫌いの感情だけで行動してしまうよりは、見方を変えることで行動を変えるほうがベターなこともあります。

これは、コーチングで使う**「リフレーミング」**の一種です。うまくいっている人を見ると、誰に対しても態度を変えずニュートラルなスタンスでいる人が多いです。

このルーティンの目的は、あなたの見方を変えることで、仕事のパフォーマンスを上げること。ルーティンを使って気持ちを切り替えることができたら、感情に流されるのはここでストップして、あとは目の前の仕事に集中しましょう。

ROUTINE

39

キリカエ

同じ部署に苦手な人がいるときは「その人との5年後」を考えてみる

職場の人間関係で悩んだら、「5年後に、その人とどんな関係になっているか？」と、時間をずらして考えてみる。

仕事をしていて一番行き詰まるのは、もしかすると人間関係のストレスかもしれません。プライベートであれば、「苦手だな、イヤだな」と感じる人を避けることもできます。ですが、仕事となると、ストレスを感じる相手が、同じ部署だったり、接触頻度が高かったりするので、「物理的に距離を取る」のが難しいこともあります。


「失敗したときの上司の叱責が怖すぎて、仕事に集中できない」

「自分より給料の高い先輩の尻拭いを、何でいつも私がしなきゃいけないんだろう」

「がんばっているのに、自分のことをバカにする同僚がいる」

「仕事中の私語がうるさくて迷惑なのに、やめてくれない」

「ヒステリックな同僚への連絡係は、なぜかいつも私の役割。何だか損してる気分」


このような、会社の人間関係におけるストレスは、職場にいる限りなくならないので、イライラやモヤモヤが続いて、仕事の生産性が落ちてしまいがちです。

人間関係で行き詰まった場合の対策の1つとして、コーチングでは「時間をずらす」

という考え方をします。それを応用したルーティンをご紹介しましょう。

職場の人間関係で、イライラ・モヤモヤしている自分に、

「5年後は、その人とどんな関係になってる?」

と問いかけてみるのです。

来年には相手かあなたが異動になるかもしれないし、他の人が異動してくることで関係性が変わることもありえます。5年もあれば、どちらかが転職しているかもしれません。「いまの関係性は、長くは続かない」のです。「一時的なもの」です。


それでも、気持ちが切り替わらない場合は、

「ところで5年前は、どんな人間関係で悩んでいた?」

と再度、自分に問いかけてみてください。

すると気がつくはずです。ほとんどの方は、何を悩んでいたか思い出せないのではないでしょうか。

それでもまだ、スッキリしないときは、

「5年前に悩んでいた人間関係に、いまも悩んでいる?」

そう自分に質問してみてください。

職場の人間関係の悩みに限っていえば、積極的に解決しようとしなくても、「時間」が解決してくれることが少なからずあります。もし、その人が以前と変わらず同じ部署にいたとしても、上司が変わることで状況が変わったり、あなたが昇進して、上司と部下の関係から同僚の立場になることも考えられます。

また、双方の立場に変化がないとしても、悩みが解決することがあります。なぜなら、人は、日々成長しているので（たとえあなたに自覚がなくても）、物事の見方や受け止め方も、日々変わってくるからです。

たとえ、**「いまのあなた」からしたら許せない、受け入れられないことでも、「5年後の成長したあなた」は、視野が広がり、理解できることもある**のです。

そして、あなただけでなく、相手も日々変化・成長しています。厳密にいえば「いまとまったく同じ状況」というのはありません。職場の人間関係に関して、5年後もいまと同じように悩み続けているということは、まずないので安心してください。

ROUTINE

40

キリカエ

同じ部署に苦手な人がいるときは
その「苦手な感情」自体を
受け入れる

あなたがイライラ、モヤモヤしているのは、「苦手と感じる人」を好きになれない、あなた自身に対してなのでは。そんな自分を許すとラクになります。

前項を読んで、「そうはいっても、やっぱり、いま実際に人間関係に悩んでいるのだから、どうにかしたい」と感じる方もいると思います。そんな方には、このルーティンをオススメします。

「社会人なんだから同じ部署の人とは、うまくやるべきだ」
「人を嫌いになってはいけない」
「上司は尊敬しなければいけない」

など、私たちはいつの間にか、一般論に考えを支配されてしまいがちです。

でも、本来、苦手な人がいてもいいんです。

小学校入学直後を思い出してみてください。「クラスのお友達全員と仲良くしましょう」と先生にいわれて、全員と仲良くできましたか？

こう自問して、思わず私は、苦笑いしてしまいました。苦手だったクラスメートの顔が思い浮かんだからです。

もちろん、理想は、誰とでも仲良くできたら最高です。

けれど、理想を一方的に押しつけて、自分で自分の首をしめているのだとしたら、本末転倒です。人の好き嫌いがあっても、いいんです。人間なんですから、馬が合わない人くらい誰だっています。

だから、**職場の人間関係でイライラ、モヤモヤしたら、「私は、いまは、○○さんにイライラしているんだな」「私は、いまは、○○さんが苦手と感じているんだね」と、心の中でいってみてください。**

イライラやモヤモヤといった感情は、頭や理性で抑え込もうとしても、なくなってはくれません。むしろ、その感情自体を潔く受け入れてしまったほうが、スッキリします。

もしかしたら、人間関係で悩むのは「損だ」「情けない」と思っているから苦しいのかもしれません。「職場に嫌いな人がいてもいい」「職場の人間関係で悩んでもいい」

と考えたら気持ちが少し軽くなりませんか?

ただ、**「人の好き嫌い」と、「その人への対応」は区別しましょう。**嫌いな相手、苦手な相手だからといって、雑に対応したり、イライラをぶつけたりするのは、筋違いです。仕事の人間関係では、相手にイライラ、モヤモヤしても、やるべきことはしっかりやるのが大前提です。

意外と、べったり仲良しな関係よりも、適度に距離を置いてそれぞれ自立してがんばるほうが仕事の生産性は高い場合もあります。

ROUTINE

41

キリカエ

人間関係に疲れきったときは職場の植木に水をやる

上司に怒られたり、同僚とやり合ってしまったときは、オフィスの植木に水をやるなど、人ではなく、「生き物」に接することで気持ちを切り替える。

職場の人間関係に疲れきってしまったときは、「人間」ではなく「生き物」に接してみましょう。

実際に、動植物とふれ合うと精神面にいい影響を与えるだけでなく、血圧や脈拍数が安定することがわかっています。

「アニマルセラピー」という言葉も定着している通り、介護施設をセラピー犬が訪れて、入所されている方が本当におだやかな笑顔をされているのをテレビや新聞などで見かけた方もいるでしょう。職場に犬がいる会社もあります。

とはいえ、ペットを飼っている会社は少ないでしょうから、現実的なのは、次のような行動です。

- 植木に水をやる
- 花瓶の水を替える
- 観賞魚を眺める
- オフィスの外の緑を眺める

・鳥の声に耳をすましてみる

気持ちを切り替えるために、たとえば**「職場の植木に水をやる」**のをルーティンにしてみましょう。

人間とは違う息づかいを感じることで、気持ちが切り替えられることもあります。

人間関係に疲れたときに、ぜひ試してみてください。

ROUTINE

42

キリカエ

体調不良でも休めないときは心と体の状態を「点数化」してみる

体調不良でも会社を休めない。そんなときは気合いだけで乗りきろうとせず、まずは心と体の状態を数値化してみる。現状がわかれば対策を立てられます。

メジャーリーガーの田中将大さんが、後輩に向けてこういっていたのをテレビで見たことがあります。

「絶好調はたしかに少なく、普通か、悪いときのほうが多い。いま自分に何ができるかを冷静に考えることも必要になる」

そのアドバイスを聞いて、ものすごく共感しました。私は、ロンドンオリンピックに出場したアスリートのメンタルサポートをしていた時期があります。そのときに、選手に伝えていたことと同じだったからです。

トップアスリートに限らず、私たちビジネスパーソンも、常に100%調子がよいということはありません。何となくイライラしたり、寝不足だったり、頭痛や腹痛を抱えているときもあります。そんなとき効果的な、トップアスリートも実践しているルーティンをご紹介します。

「今日は調子がよくないな」と感じたときは、心と体の状態を「点数化」してみます。

いま、「体の状態」は、10点満点で何点?
いま、「心の状態」は、10点満点で何点?

と聞いて、あなたの状態を自己採点するのです。

たとえば、体の状態が6点で心の状態が2点だったとします。すると、「体の疲れというよりは、気持ちが落ち込んでいるんだな」と、自分の状態を客観的に把握できます。

そして、**たとえ仮にでもあなたの現状を数値化できると、低い点数のときでも、点数が低いなりの対策を立てることができます。**2点の状態を10点満点にはできなくても、まずはプラス1点の状態がどんな状態か考えて、3点にすることはできます。

調子が悪いのを「気のせい」と、ごまかそうとする方もいますが、それは、リスクが高い行為です。車でいえば、ガソリンの残量が少なくなって、「給油ランプ」が点灯しているのに「まだ走れるはず」とアクセルを踏み続けているようなものだからです。

肝心なときに体調が悪いのは、悔しかったり、情けなかったりするかもしれません。でも、「自分の現在地」がどこなのかを把握していないと、適切な対策が立てられません。まずは、現状を数値化するルーティンをやってみてください。そして、2点には2点、3点なら3点なりの成果の出し方を模索します。

また、体調が悪いのに、「気合い」だけで乗りきろうとする方もいます。たしかに、どうしても外せない用事が数時間ですむのなら、何とか耐えられるかもしれません。けれど、長期戦になるとそう長くは続かないでしょう。

自分をごまかしていても、事態は好転しません。どんな状態だとしても「あなたの現在地」を知り、そこからちょっとよくなるための手を打っていくことが、ポイントです。

ROUTINE

43

キリカエ

プライベートが気になって集中できないときは心配事を「引き出し」にしまう

プライベートが気になって、仕事に集中できないときは、心配事をすべて紙に書き出して、一度、引き出しの中にしまっておく。

家族の健康状態、子どもの様子、夫婦仲、住宅ローンの支払い、自治会の会合の準備、応援しているチームの試合結果、衝撃的なニュースなど、仕事以外のことが気になって、なかなか仕事に集中できないことは、ありませんか。恋煩いや失恋などで頭がいっぱいの方もいるかもしれません。

マルチタスクという言葉もありますが、厳密には、人は一度に1つのことしか考えられません。心配事で頭がいっぱいになってしまうと、仕事が手につかなくなってしまいます。

こんなときは、**あなたが心配に思っていることや、気になっていることを紙に書き出して、机の「引き出し」にしまう**ルーティンを行ないます。一度書き出して物理的にしまうと、思考や気持ちを切り替えることができます。

まず、気になっていることを文字にします。すなわち、「見える化」するわけです。すると、頭の中で抽象的に考えていたことが、具体化・可視化されるので、頭の中がスッキリします。

次に、書き出したメモを、引き出しにしまいます。視界から消えることで、懸案事項が意識に上りにくくなります。

家の鍵を締め忘れてないか、気になる。
子どもたちは、元気に登校できたかな。
サッカー中継を見たいな。何点入ったか知りたい。
気になる人にお誘いのメールをしたのに返事が来ない。
彼女と喧嘩したけど、仲直りしたい。
田舎から遊びに来ていた家族は、ちゃんと帰れたかな。
週末のイベント開催場所を、確認しないと。

こんなふうに、書き出せるだけ書き出してみてください。仕事中は、デスクの引き出しや、通勤バッグなどにしまうことで、いったん脇に置くことができます。

私のお客さんのTさんは、気になることがあると仕事に集中できないからと、毎朝仕事を始める前に、仕事もプライベートも含めて、気になっていること、心配なことを「全部紙に書く」のをルーティンにしています。

体はここにあるけど、「いま、ここ」に気持ちや思考がないと、仕事に集中することはできません。

そうならないためにも、懸案事項は1回アウトプットして、物理的に距離を置いてみてください。

ROUTINE

44

ユルメル

仕事に余裕があるときは あえて楽しい休みの予定を 考える

今日明日に仕事の締め切りがない日は、いつもの仕事モードを切り替えて、自分が楽しめる予定を考えてみる。

どんなに忙しい仕事にも波があるので、特段差し迫った締め切りがなく、ゆるやかにすごせる日があるかと思います。そんなとき、「前倒しで仕事を進める」こともできますが、私はあえて、仕事以外のことを考えるのをオススメしています。

当たり前かもしれませんが、私たちは、「仕事だけのため」に生きているわけではありません。人によって仕事をする目的は異なるかもしれませんが、あくまでも、**仕事は「手段」であって「目的」そのものではないのです。**

ですが、日々、仕事に忙殺されると、いつの間にか「目の前の案件を迅速に処理すること」が目的になってしまうことがあります。すると、「仕事の処理能力＝自分の価値」と思い込んでしまったり、必要以上に数字や成果を追ってしまいがちです。私自身も含めて、仕事に没頭しすぎると、自分の人生を置き去りにしてしまうことがあります。

かといって、「この案件を処理することは、自分の人生にとってどんな意味があるのだろう？」と、毎回考えるのは、あまりに重たすぎます。

仕事に余裕があるときは、目先のことだけでなく、人生全体について考えることのできる数少ないチャンスです。

こんなとき、私は**「キャリア全体」「ライフ全体」について、考える時間を取る**ことをアドバイスしています。そうはいっても、「キャリア」や「ライフ」という言葉自体があいまいなので、どう考えたらいいかわからない方もいるでしょうが、難しく考える必要はありません。

「次の休日に、何をしようかな？」

「休みの日、どんなことをしたら楽しいかな？」

「自分が楽しめることって、何だろう？」

と考えてみるだけでＯＫです。

このルーティンは、勤務時間外に自宅でやってもいいのですが、意外にもある程度の緊張感がないと、なかなか実践できないので、まずは会社で実行してみてください。

私のお客さんには、オフィスの机でスケジュールを見ながら考える方もいますし、オフィスの中を歩き回りながら考える方もいます。

ここでの狙いは、仕事もプライベートも、両方大切にできるようになること。じつは、**「休暇を多く取るほど、業務評価が改善する」**という調査結果も出ています。大手監査法人のアーンスト・アンド・ヤングの調査では、従業員の十分な休暇によって業務評価が向上し、離職率が低下したのです。

目の前の業務から一度離れることに後ろめたさを感じる必要はまったくありません。ぜひ一度、具体的な案件や締め切りから離れて、ゆったりとした気持ちですごしてみてください。すると、いままで気づかなかった視点やアイデアが得られることもあります。

楽しむということは、心の栄養にもなります。いまいち、仕事に集中できないという方は、まずは休日を充実させてみることもオススメです。

ROUTINE

45

タカメル

仕事がマンネリ化したときはまわりに「宣言」してみる

リラックスしすぎて仕事が進まないときは、「これから○○の仕事をやります!」と、周囲に宣言。有言実行で仕事をスタートさせましょう。

仕事のマンネリ化はダラダラ仕事の原因の1つです。いったん業務に慣れるとともに緊張がゆるみすぎて、なかなか仕事が進まなくなってしまうことがあります。

そんなときは、仕事スイッチをオンにするために、**周囲の人に「自分のやる仕事を宣言する」**ルーティンを試してみてください。

周囲の仲間から受ける圧力のことを**「ピア・プレッシャー」**といいます。この心理的プレッシャーは、よい影響を及ぼすことも、悪い影響を及ぼすこともあります。

たとえば、自分は仕事が終わっていて定時に帰れる状況でも、他のスタッフが遅くまで残業しているのにつられ、何となく残業してしまったことは、ありませんか。これは、誰かにはっきり指示されたわけでもないのに「周囲に合わせないといけない」という心理的圧力に、圧倒されてしまったからです。

一方、このルーティンでは、心理的プレッシャーを前向きに活用します。「まわりに宣言したから、がんばろう」「まわりが応援してくれてるんだから、やってみよう」

と思うことで、自分に適度なプレッシャーを与えるのです。

1人で仕事をしている方や、同僚に宣言するのはハードルが高すぎると感じる方は、**SNSで、「仕事やります宣言」をする**のもオススメです。利害関係がない友人知人に向けて発信するわけですから、無邪気に応援してもらえることが多いはず。

「がんばってね！」
「応援してるよ」
「私もいま、奮闘中だよ」

などと、メッセージが届けば、嬉しいですし、励みになります。

ROUTINE

46

タカメル

オフィス以外の場所で仕事をするときは「いつもの店」で「いつものドリンク」を飲む

職場以外に、社外オフィスを持ってみる。店だけでなく、飲むドリンクや席も決めておけば、スッと仕事に集中できます。

私は、「1分間行動イノベーション通信・月曜版」というメルマガを毎週発行しているのですが、執筆は「あのカフェ」と、場所を決めています。毎週同じ時間に、同じ場所に行くことで、自動的に仕事モードに入れるので、オフィスで書くよりもスムーズに執筆できるからです。

書き終えるまで食事はとらず、メルマガを書き上げたら、ご褒美として大好きな小倉トーストを食べるというルールを設けています。

そして、「くつろぐ場所」と「仕事をする場所」は極力分けるようにしています。自分の「社外オフィス」として使っている店は、休日などオフの日に家族で利用しないようにしています。

さらに、仕事のモードのときは「ブラックコーヒーしか飲まない」と決めています。場所とドリンクで仕事モードに入る**「アンカリング」**を作っているのです。

アンカリングとは、五感の情報をきっかけに、特定の条件反射が起こるプロセスを作り出すことです。「学生のころによく聞いていた曲を街でふと耳にすると、初恋の人を思い出す」というのは自然にできたアンカリングです。このような条件反射を意図的に作ることもできます。

オフィス以外の場所で仕事をするときは、「店」や「ドリンク」を固定します。そして、その店に入ったらすぐに仕事に取りかかるようにします。すると、その店に行くだけで、自動的に仕事モードがオンになります。これが、スッと仕事に集中するアンカリングです。紅茶好きの人なら、「アールグレイ、砂糖・ミルクなし」などと、細かいことまで決めてしまうとベターです。

私のお客さんのSさんは、原稿の執筆やアイデアをまとめるなど1人で集中するときと、打ち合わせなどに使うときとで、社外オフィスの店を使い分けているそうです。業種や職種にもよるでしょうが、あなただけの隠れ家として、1人でこもれる空間を確保しておくと、仕事がはかどります。

ROUTINE

47

タカメル

終業30分前で気が ゆるんでいるときは砂時計アプリで 「マイ・カウントダウン」を始める

終業30分前になったら、砂時計アプリで時間を計りながら、ラストスパートをかけてみる。

毎日やって来る「終業30分前」。あなたは、どんなふうにすごしていますか？「終業時間」というゴールが見えてホッとして気をゆるめ、帰宅準備を始めるのも1つの選択肢かもしれません。

ですが、ラスト30分にエンジン全開で全力疾走すると、場合によっては、1～2時間残業するよりも、仕事がはかどることがあります。

このときの集中力を支えてくれるのが**「砂時計アプリ」**です。手元にあるなら本物の砂時計を使ってもよいのですが、最近はスマホアプリの「砂時計［Best Sand Timer］」「見て楽しむ砂時計タイマー」など便利なツールがあります。音、バイブ、光の点滅で終わりを知らせてくれるので周囲を気にせず活用できます。

終わりの時間を意識して、砂時計でカウントダウンしながら、少しでもいいので難しい仕事に手をつけておく。難しい案件について、終わりの時間を決めずに取りかかると、時間も集中力も消耗してしまいますが、**ラスト30分と限定すれば、時間的にも精神的にも、負担をかけすぎずに気軽に手をつけることができます。**

私のお客さんには、このラスト30分で、企画書のラフ案を仕上げる方もいれば、明日の最重要課題に少し着手するという方、先延ばしにしていた案件に取り組むという方もいます。

脳科学者が行なった実験でも、適度な制限時間を設定したときのほうが、時間的制約がないときよりも脳が活性化することがわかっています。

同じ仕事を短時間で処理できるようになると、仕事の能力が上がるだけでなく、人生の可処分時間が増えます。すると、選択肢が格段に増えます。仕事にメリハリをつけて休憩することも、気になっている案件について時間をかけて調べることもできます。また、早く帰宅して、仕事以外のことに時間を使うこともできます。

終業30分前からのマイ・カウントダウン、ぜひ、試してみてください。

ROUTINE

48

キリカエ

残業に向けて気持ちを切り替えたいときは「社内散歩」をしてみる

残業するときは、いまいるフロアを出て散歩をしてみる。自分なりに区切りを作り、「アクティブレスト」することで、気持ちが切り替わり、効果的に時間を使えます。

終業時間の18時ごろ、退社する人や帰社する人で、オフィスはごった返します。何となく社内の空気がスローになったり、ざわついたりします。そのまま残業に突入すると、どうしても緊張感のないまま、ダラダラ気分で仕事をしがちです。

もちろん、人によっては、上司が仕事を終えるまで待たないといけない、先輩より早く帰ってはいけない、定時退社するとやる気がない社員と見なされてしまう、残業するのが当たり前、残業しないと業務量が多すぎて終わらない、といった、それぞれの事情があるかと思います。

そこで、残業時間でも、集中して効果的に、仕事に取り組むためのルーティンをご紹介します。

終業時間になったら、一度フロアを出て社内散歩をします。これは一種の「**アクティブレスト（積極的休養＝体を動かしながら疲れを取る方法）**」で、気持ちを切り替える効果もあります。

長時間、社内にこもったままだと、時間の経過を感じにくく、まるで時間が永遠にあるような錯覚を起こし、ダラダラ仕事や長時間残業につながりかねません。

社内を歩くと、座って動かないままのときよりも視点が高くなり、視野も広がるので、「そうだ、あの案件はAさんにお願いしてみよう」とか、「Bさんに相談してみよう」という思わぬ発見につながることもあります。また、普段なかなか話せない人との雑談から、情報収集できたり、仕事のヒントを得ることもあります。

さらに余裕のあるときは、何も用事がなくても、外の空気を吸うために、会社のまわりをぐるっと散歩するだけで、よいリフレッシュになります。コーヒーや紅茶を飲みに行ってもいいし、残業のお供としてチョコレートを買いに行くのもありです。

体を動かしてリラックスすると、脳への酸素供給量が増えるので、アイデアを想起しやすくなるというオマケもついてきます。どうせ残業するにしても、「アクティブレスト」を取り入れることで、効果的に時間を使うことができるのです。

ROUTINE

49

ユルメル

明日に向けてしっかり休みたいときは「マイ蛍の光」を流す

就寝前のひと時は、パワーオフソングを流して、ゆったりとした気分になる。

居酒屋でどんなに話が盛り上がっていても、お店で買い物に夢中になっていても、BGMで『蛍の光』が流れてくると、「閉店の時間だ！」と感じて、急いでお店を出たくなったり、急に帰りたくなったりします。

おそらく、私たち日本人には、「蛍の光＝卒業式＝別れ＝閉店間際」というイメージが刷り込まれているのだと思います。

お店側としても、いきなり閉店するよりも、蛍の光を流して、お客様に閉店を予告しておいたほうが、スムーズに閉店できます。

そこで、同じように**就寝前に「パワーオフソング」をかけて、少しずつ緊張をゆるめて寝る準備をする**ことで、スムーズに就寝できます。パワーオフソングを流すことをルーティンとして日常に取り入れてみましょう。

選曲は、「マイ・オープニングテーマ」とは異なり、しっとりと心を落ち着かせるナンバー。『ムーンリバー』やドビュッシーの『月の光』などがオススメです。

私のお客さんには、歌が入っていないヒーリングミュージックをパワーオフソングにしている方もいます。その曲を聞きながら歯を磨いたり、パジャマに着替えたりして、頭も気持ちも少しずつオフモードにしていきます。

特に、忙しく働いた日は、しっかりオフモードに切り替えてから眠るための儀式として、あえてこういうルーティンを取り入れると、寝つきもよくなります。

ROUTINE

50

ユルメル

睡眠の質を上げたいときは
ネットにつながる電子機器を
完全オフにする

夜寝る前に、パソコン、スマホ、タブレットなど、ネットにつながるすべての電子機器をオフにする。ぐっすり眠れて、寝起きもよくなります。

「ちゃんと寝ているはずなのに、疲れが取れない」「何だか眠った気がしなかった」など、誰でも睡眠不足が原因で、冴えない1日をすごした経験があるはずです。
頭では、「もっと眠ったほうがいい」とわかっていても、仕事の締め切りが迫っていたり、残業や接待、懇親会などの予定があったり、通勤に時間がかかったり……。仕事以外にも、人づき合い、勉強、トレーニング、ボランティア、気分転換、ストレス発散、子育て、家事、介護など、人それぞれに、睡眠時間を削らざるをえない事情もあるかと思います。

睡眠不足になると、体力や集中力だけではなく、精神状態にも影響します。じつは、イライラしたり、無性に不安になったりする原因が、睡眠不足ということもあるのです。それだけでなく、判断力も鈍ってしまいます。
睡眠の効果は、「時間×質」で決まります。睡眠「時間」を増やすのは難しいという方は、睡眠の「質」を上げるルーティンをオススメします。

私は、**ネットにつながる電子機器は、「寝室に持ち込み禁止」にしています。**夜は、体だけでなく脳や精神もしっかり休めて回復させるためです。

オンとオフの線引きをはっきりさせるため、21時以降はネットも極力見ないようにしています。就寝時間が近づくと、テレビはもちろん、パソコン、タブレット、スマホなどネットにつながるすべての電子機器類を完全にオフにして、1日を終えるようにしています。

ルーティン4（49ページ）でご説明した朝の「入」の時間と同じくらい、私は、就寝前の「出」の時間もとても大切にしているのです。

脳科学的にいっても、**どんな状態で1日を終えるかは重要です。**なぜなら、脳は「眠りにつく直前のイメージを、就寝中にくり返し再生する」という特性があるからです。

「スマホを手放すなんて無理」「ネットをオフにしたら、逆に心配になって寝つきが悪くなりそう」

もしかしたら、そう思われた方もいるかもしれません。また、就寝前にスマホで音楽を聞くのを日課にしていたり、スマホのアラーム機能で毎朝起きる習慣があるという方もいると思います。

私のお客さんには、寝室では「機内モード」をオンにして、Ｗｉ－Ｆｉにつながらないようにしている方もいます。

不便にならない範囲で睡眠の質を上げるために、ちょっとした工夫をしてみてください。


大切なのは、眠りにつくときには、いったん「外とのつながり」を断つこと。

睡眠の質が上がれば仕事のパフォーマンスも自然と上がります。体力、集中力、精神状態が変わると、ダラダラモードを卒業する着実な第一歩になります。ネットを完全オフにすることが心配な方は、まずは仕事がない週末だけでもいいので、ぜひ取り組んでみてください。目覚めのスッキリ感が変わってきます。

STEP3

ルーティンを続けると
人生は必ず
好転する

Routine actions makes a difference
in your life.

ルーティンを続けると こんな好循環が起きる

私は、自分が本当にやりたいことを見つけたくて、アドラー心理学をベースとしたコーチングを学び始めました。

そして、本格的に目標実現についての研究を始め、現在は、目標実現の専門家として、第一線で活躍するリーダーのメンタルサポート、プロコーチとして独立したい人のためのスクール運営、執筆、講演、研修と、ほとんど毎日のように、目標実現のための指導をすることを仕事にしています。

私がこれまでにお客さんに実践してもらったルーティンの数は、およそ数千個以上になるのではないかと思います。

それらは、本書でご紹介している「既製品」のルーティンというよりは、お客さんと一緒に作り上げた「オーダーメイド」のルーティンです。これは、決して誇張しているわけではありません。人によっては、1人で数十個のルーティンを実践しているお客さんもいます。

このように、私自身が目標実現について真剣に向き合ってきた経験と、たくさんの人を目標実現に導いてきた経験から、自信を持っていえることがあります。

それは、**ルーティンを続けていくと、その人の仕事だけでなく、プライベートや人生全般にわたって、好循環が起きる**ということです。

「たかが、ルーティンで人生まで変わるなんて、大げさな……」と、思われるかもしれませんが、本当です。

仕事がつらくて夜眠れなかったのが、ぐっすり眠れるようになりました。

苦手だった上司と、普通に話せるようになりました。

仕事で迷う時間が減ったので、定時退社する日が増えました。

ルーティンを使い始めたら、営業成績が上がって嬉しいです。
イヤイヤ通勤していたはずなのに、思わずスキップしていて自分でも驚きました。
念願の独立起業ができました。
彼女ができました。
家族との何気ない会話を、心から楽しめるようになりました。

などなど、ちょっとうさんくさい宣伝文句のようですが、これらは、お客さんから寄せられた声の一例です。
では、なぜルーティンを続けると、このように仕事や、プライベートを含めた人生までもが変わってしまうのでしょうか。

ルーティンが定着すると エネルギーの自家発電が始まる

ルーティンが定着し始めると、いままでより主体的に動けるようになります。つまり、自己責任のもと動くということです。

環境のせい、人のせいにしていたら、事態はいつまでたっても好転しません。ついつい、まわりのせいにしてしまう自分を受け入れつつ、「まず、いまの自分ができることは何か？」と自己責任のもと行動すると、人生は必ず好転していくのです。

仕事でトラブルが起きたときでも、「あのとき、○○さんがこういったから……」「お客さんが神経質すぎるから……」というふうに、原因を他の人に求めなくなります。

大事なのは、「いま、自分が、どう判断し、行動するか」と考えられるようになるということです。

ルーティンは、自分で決めた行動の積み重ね。ルーティンを活用することで、あなたがコントロールできるものにフォーカスできるようになります。その結果、あなたの人生に主体的な流れが生まれるのです。

あなたが主体的に仕事をしているということは、行きたい方向に向けて、時間と労力を自ら注いでいる状態です。つまり、**エネルギーを自家発電できる**ようになるのです。

反対に、エネルギーを消耗する状態というのは、「やらされ感」があるときです。目指す方向が決まっていない状態で仕事をしたり、人から指示されたことをただこなすだけになると、まわりから邪魔されたり、横槍が入ったりするのを、ものすごい障害だと感じてしまい、動きが止まってしまいます。

同じ仕事でも、自発的にするのと、イヤイヤするのでは、エネルギーの消耗度が変わってきます。うまくいっていないときは、エネルギー不足に陥りがちです。

エネルギーが足りないと、せっかく目の前にいい仕事や素敵な出会いなどのチャンスが到来してもお手上げ状態になってしまいます。

すると、他の人に仕事を振ってしまったり、「もう仕事を辞めたい……」などと逃げ腰になってしまったり。成功にたどり着く前に、挫折して道半ばで終わる経験をくり返してしまいます。

すべてのルーティンを実践する必要はありません。あなたにとって、必要で、取り組みやすいルーティンから実践してみてください。そして、あなたの意志で自分をコントロールする時間を少しずつ増やしていくのです。

ルーティンを活用して自分の「真のテーマ」と向き合う

誤解を招きそうな言い方ですが、ルーティンがなくても、仕事自体はできます。

実際、世の中には、ルーティンなしで、やる気をコントロールせずに、ダラダラ仕事、イヤイヤ仕事、やっつけ仕事の毎日を送っている人もいるでしょう。

でも、この本を手に取ったあなたは、そうではないはずです。

現状を変えたい、気分よく仕事をしたい、もっといまの仕事で成果を出したい、と「変化」を期待して本書を読んでくださっていることでしょう。

そんなあなたにこそ、ルーティンを活用してほしいのです。

私がルーティンをオススメするのは、**ルーティンを活用することで、「あなたにとって、本当に大切なこと」に時間とエネルギーを注げるようになる**からです。

ダラダラ気分のまま働いていると、大して仕事をしなくても疲れてしまいます。すると、自分の本当の課題と向き合う前に、エネルギー切れになってしまいます。あなたにとって本当に大切なことが目の前に現れても、ついつい逃げたり、後回しにせざるをえなくなるのです。

それでは、あなたにとって、本当に大切なこととは、どんなことでしょうか？
自分が向き合うべき「真のテーマ」は、人によって違います。

惰性でこなすのではなく、本当の意味でクリエイティブな仕事をする。
仕事を引き受けるかどうかについて、あなたなりの基準を作る。
あなたの才能を、現職で最大限生かす。
後輩を育成する。
個人プレーではなく、チームで成果を出す経験を積む。
また、もしかしたら、あなたの真のテーマは、「仕事にはない」かもしれません。

大事な人（伴侶、子ども、親、友人）と一緒の時間をすごす。
大事な人と、より深い関係を築く。
ゆったりする時間を取る、しっかり休む。
自分の健康に意識を向けて体を鍛える。
仕事以外で、あなたの才能を発揮できる場所を持つ。

改めて、「あなたにとって、本当に大切なこと」とは、どんなことでしょうか？

スポーツ選手は、ルーティンを使ってパフォーマンスを発揮して勝利するのが、一次的な目的です。でも、本当は、勝利は手段であって、目的にはなりません。
たとえ、オリンピック出場選手であっても、オリンピックでメダルを取ることは、やはり一次的ゴールにすぎません。大事なのは「オリンピックでメダルを取ることによって、何を得たいのか？」なのです。

未来を担う子どもたちに「やればできる」という希望を持ってもらいたい。

自分で決めたこの道が間違っていなかったことを証明したい。
スポンサーなどがついて経済的報酬を得たい。
スポーツ関連の職を得たい。
親孝行したい。

など、選手ごとに二次的ゴール（真のテーマ）は違ってくるのです。

仕事でいえば、最終的なゴールは、稼ぐこと、昇給すること、会社から認められること、にはありません。ましてや、より効率的に速く仕事をすることがゴールでもありません。**私たちに一生ついて回るのは、「働くことで何を得たいのか」、そして「自分にとって本当に大切なことに情熱を注げているか」なのです。**

ルーティンを活用することで捻出できたエネルギーをどこに使うかが大事です。あなたが心底情熱を感じることに時間とエネルギーを注ぐために、ルーティンは役立ちます。

ルーティンをマスターしたあとに、本当の仕事が始まるのです。

結局、コントロールできるのは自分だけ

仕事をしていく上で、お客さんのリクエストや上司の要望など、さまざまな思いが交錯すると、自分を見失いがちです。思い通りにいかないことだらけで、過去を悔やむということも誰しもあるでしょう。

そんなとき、思い出してほしいのが、「結局、コントロールできるのは自分だけ」ということです。ユダヤ人精神分析学者V・E・フランクルは、自身のナチス強制収容所体験をつづった『夜と霧』の中で私たちに重要なメッセージを伝えてくれました。人は強制収容所という極限状態に置かれたとしても、「自分がその状況にどのように相対していくかは、自分でコントロール、選択できる」ということを。

ルーティンは、ささやかな習慣かもしれません。しかし、この小さな習慣の積み重ねは、あなたを裏切りません。人生をドライブにたとえるなら、人生の運転席にしっかりと座り、自分の決断で目的地を決めるのです。そしてルートを決め、しっかりハンドルを握ってドライブしていくイメージです。助手席や後部座席に座って、文句をいうのではなく、自分で責任を取る人生にシフトするのです。

誰しも、大きな挑戦をしようとして挫折してしまうことがあります。そんなとき、まずは、行動の入口であるルーティンから始めてみてください。この小さな習慣は失敗しようがありません。

私たちは、最終的に自分しか変えられないですし、自分が変わることを通してしか、人に影響を与えられません。

アドラーもいっているように「いま、ここ、私」から始めるのです。「いつか、どこか、誰か」は、永遠に来ません。

「実行」こそ、人生を変える唯一のコマンド。「行動」こそ、未来を作る最後のピース。インプットすることも、考えることも、大事です。でも、完璧でない自分のままでも大丈夫。いまいるところから前へ一歩、行動を起こしていくのです。

人生はずっと待っています。あなたがどう仕掛けてくるかを待っています。
いつから仕掛けていきますか？　「いま、この瞬間から」仕掛けていきませんか？
人生の主導権を取り戻すのです。

あなたの人生は、誰のためのものでしょうか？　会社のため？　親のため？　上司のため？　家族のため？

あなたの人生です。あなたが人生の主人公なのです。

実際に行動できることは限られているかもしれません。でも、どうやるか、どんな意気込みでやるかは、あなた次第です。あなたの完全な自由です。

前へ。一歩前へ。
あなたの意志で。
行動あるのみ。

おわりに

いまだから告白しますが、じつは、10年前の私は、ダメダメサラリーマンでした。なぜか気乗りせず、ダラダラすることが続き、日曜の夜は、いつも憂うつでした。ですが、10年後の私の毎日は、まったく別のものになっています。プロコーチとして独立し、経営者、アスリートのメンタルをサポートし、一部上場企業への研修も行なっています。過去に出版した3冊の本は、8万部を超えるベストセラーになりました。

あのダメダメだった私が、なぜこうも変われたのか？

その秘密が「ルーティン」だったのです。ルーティンは、一言でいうと、スイッチのことです。ルーティンを使うと、電気のスイッチを入れるように、一瞬にして、いい状態になれました。反対に、ルーティンを忘れると、なかなか気持ちが乗ってきませんでした。このルーティンの秘密を知ってからは、ルーティンを活用することで、日々の生活の質が高まり、次第に事業が軌道に乗り始めました。その結果、私は、自分が望んだライフスタイルを手に入れることができたのです。

パッとしなかった経験がある私だからこそ、伝えたいことがあります。ダラダラ気分が抜けなくて困っているあなたへ。あなたはダメダメではありません。ルーティンの秘密を知らずにいるだけです。この小さな習慣「ルーティン」を活用してみてください。きっと、月曜日が待ち遠しくなるような未来が待っているはずです。

ルーティンによって、あなた本来のやる気が最大限発揮されますように。

大平信孝

学生時代、主人に会ったとき「自然体で、素敵な人だな」と思いました。

一方、国家公務員になった私は、何事も完璧でないといけないと思い込み、不自然なくらいにがんばってキャリアを築いていました。30歳をすぎて子どもを授かったとき、すべてが変わりました。子育てに疲れ、夫とすれ違い、仕事もうまくいかない。仕事でがんばりたくても、気合いや理屈では太刀打ちできず、しんどくて毎朝泣いていた時期がありました。帰宅後に仕事が気になり、仕事中には子どものことが気になる。何をしても中途半端で、集中できず、ため息ばかりつく毎日。

そんな私が、変わるきっかけになったのが、「ルーティン」でした。起きた瞬間から時間に追われ、息子たちの世話にドタバタしっぱなしの朝に、自分だけのためのドリンクタイムを確保することから始めました。少し気持ちに余裕ができると、仕事も育児も家事も完璧にこなそうとして、力んで緊張しすぎていたことに気づきました。そこから、少しずつルーティンを取り入れ、自分のペースを取り戻せるようになりました。

仕事で成果を出したい、業績を上げないといけない、と必死の思いで仕事をされている方も多いと思います。また、そのプレッシャーに押しつぶされそうになって、苦しくなっている方もいるかもしれません。ですが、本来、仕事って、楽しいものです。仕事にたずさわる人が、たった1分でできる小さな習慣「ルーティン」を通じて、もっと仕事を楽しんで輝いてほしい。誰でもそうなれると確信して、この本を執筆しました。

ルーティンで1人でも多くの人が、仕事で輝く瞬間をすごせますように。

大平朝子

最後に。

本書はたくさんの方の支えによって、できあがりました。本書を担当してくださった滝啓輔さんをはじめ、サンクチュアリ出版の皆様、イラストを描いてくださった瀬川尚志さんに心より感謝いたします。また、いつも楽しく仕事をさせていただけるのは、クライアントの皆様、仲間、家族のおかげです。本当にありがとうございます。

そして、この本を読んでくださった読者であるあなたに、最大級のお礼を申し上げます。よろしければ、率直な感想をお聞かせください。いただいた感想を私たちは本気で、一生懸命に読ませていただきます。感想は左記のアドレスに送信ください。

アドレス：info@a-i.asia　件名：「小さな習慣・感想」

最後まで読んでくださったあなたの人生をもっと応援したいとの思いから、全50個のルーティンが一覧できるチェックシートをプレゼントさせていただきます。プリントアウトして壁に貼ったり、手帳に入れて持ち歩いたり、ルーティンが身につくようにご活用ください。ご希望の方は、左記URLからダウンロードしていただけます。

URL：http://a-i.asia/routine

最後までお読みくださり、本当にありがとうございました。

大平信孝・大平朝子

参考文献

『人生の意味の心理学』 A・アドラー著／高尾利数（訳） 春秋社 1984年
『嫌われる勇気』 岸見一郎・古賀史健著 ダイヤモンド社 2013年
『続アドラー心理学トーキングセミナー』 野田俊作著 アニマ2001 1991年
『勇気づけの心理学』 岩井俊憲著 金子書房 2011年
『7つの習慣』 スティーブン・R・コヴィー著／ジェームス・スキナー 川西茂（訳） キング・ベアー出版 1996年
『寝ている間も仕事が片づく超脳力』 中井隆栄著 幻冬舎 2007年
『単純な脳、複雑な「私」』池谷裕二著 講談社 2013年
『心が思い通りになる技術：NLP：神経言語プログラミング 』原田幸治著 春秋社 2013年
『成功するのに目標はいらない！』 平本相武著 こう書房 2007年
『ザ・コーチ』谷口貴彦著 プレジデント社 2009年
『仕事がうまくいく人の小さなコツ』 野澤卓央著 PHP研究所 2013年
『問題解決のためのセパレート思考』 鈴木進介著 フォレスト出版 2015年
『企画は、ひと言。』石田章洋著 日本能率協会マネジメントセンター 2014年
『結局、すぐやる人がすべてを手に入れる』 藤由達藏著 青春出版社 2015年
『自分を変える習慣力』 三浦将著 クロスメディアパブリッシング 2015年
『長く健康でいたければ、「背伸び」をしなさい』仲野孝明著 サンマーク出版 2015年
『ラグビー日本代表を変えた「心の鍛え方」』荒木香織著 講談社 2016年
『スポーツメンタルコーチング』柘植陽一郎著 洋泉社 2015年

執筆にあたって以上の文献を参考にさせていただきました。
この場を借りてお礼を申し上げます。

大平信孝（おおひら　のぶたか）

目標実現の専門家。独自に開発した「行動イノベーション」により、日本大学馬術部を二度の全国優勝に導く。またロンドン五輪の出場選手やトップモデルなど5500人以上の目標実現に携わる。これまでに日経新聞、雑誌「AERA」、ラジオ番組などで特集され、一部上場企業などからの研修依頼が殺到。自ら指導するプロコーチスクールでは、年商1000万を超えるコーチが続々と誕生している。過去に出版した3冊の著作は、累計部数8万部を超える。
ホームページ http://a-i.asia/

大平朝子（おおひら　あさこ）

問題解決の専門家。国家公務員試験を主席合格。裁判所書記官として年間2000件の記録を扱う中で、問題解決のある法則を発見し、独立。教育団体、女性団体、外国人リーダー向けに、研修を実施。無職の夫をベストセラー作家にした手法が注目され、女性経営者など2300人以上の問題解決に携わる。現在は、2人の息子の育児に加え、夫・プロコーチ大平信孝のスクールマネジメントも行なっている。

ダラダラ気分を一瞬で変える 小さな習慣

2016年8月1日 初版発行

著者　大平信孝　大平朝子

イラスト　瀬川尚志
デザイン　井上新八
営業　二瓶義基／石川亮（サンクチュアリ出版）
編集　滝　啓輔（サンクチュアリ出版）

発行者　鶴巻謙介
発行所　サンクチュアリ出版
〒151-0051　東京都渋谷区千駄ヶ谷 2-38-1
TEL 03-5775-5192　FAX 03-5775-5193
http://www.sanctuarybooks.jp
info@sanctuarybooks.jp

印刷・製本　株式会社 シナノ パブリッシング プレス